危情時刻

——中国历史节点上的人和事

罗盘/著

中国青年出版社

罗盘，原名罗会文，男，1961年月12月出生，湖北仙桃市人，复旦大学新闻系学士，中南财经政法大学硕士，中国作家协会会员，中国报告文学学会会员。

长期从事报告文学和散文写作，其长篇报告文学《塔克拉玛干，生命的辉煌》获1991年度中国优秀报告文学奖，长篇报告文学《特别关注，写给中国人民的故事》获正泰杯报告文学奖，列为2005年中国报告文学阅读排行榜榜首。近年出版作品有《历史不容许沉默》、《走过昨天》、《生命的辉煌》、《血祭金砂》、《特别关注，写给中国人民的故事》等。

目 录

序：巅峰之上

到西藏看起伏的群山，我感觉就像一幅中国历史的映象画。大起大落，转辗绵延。一会儿攀上蓝天白云的巅峰，一会儿滑入万劫不覆的谷底。我们几千年的文明史，就是这么走过来的。这样的大悲大喜，这样的大幸大痛，这样的大起大落，几乎成了我们的命！我们就在这样的命运中轮回！

我们往往很容易地攀上了巅峰。历史上，从大乱而到大治，从大治而到大繁荣，30年就够了。汉朝的文景之治，唐朝的贞观之治，清朝的康乾盛世，也就是用了三五十年就达到了，就到达了他的巅峰。

令人悲哀的是，我们的巅峰总是昙花一现。与漫长的黑暗时代相比，与漫长的战乱时代相比，与漫长的分裂时代相比，我们所谓的巅峰岁月，真的是昙花一现，白驹过隙，短而又短。而且，每一次的巅峰之后，总是以更加悲剧化的情节和更加悲剧化的方式，滑向更加黑暗的谷底：经济大衰败，人口大锐减，国土大分裂，文明大倒退。繁华过后，繁华落尽，一切又成梦！

巅峰过后，我们从来没有更上一层楼。从来没有。

国运就是如此的悲凉，朝代的巅峰成了朝代灭亡的起点，历史的巅峰成了历史上升进程中一道迈不过的坎。

国士，就是些在巅峰之后奋起一争的人，是些奋起一搏的人。为国，为君，为民，他们要挽狂澜于既倒，他们要带骨血赴地狱。有勇气，有智慧，有能力；愿献身，愿作为，愿赴难。然而，他们几乎没有一次可以挽回了历史。悲凉的国运，加上悲哀的国士抗争，成为一部令人肝肠断裂的悲剧！

中国不乏曾经的仁人志士，中国不乏曾经的辉煌灿烂。中国为什么在一次次巅峰后快速滑入了谷底？而且，沉沦在谷底的时间，总比巅峰的时间长出许多？为什么？为什么??

历史，用一次次的滑落，已经回答了我。一个昏浊的帝王，一个叛逆的大将，一个捣蛋的农民，一个落第的秀才，一个入侵的外族，等等等等，这，是暂时的原因，更是表象的原因。真正滑向谷底的原因，是我们自己，是我们这个民族几千年一尘不变的王朝制度。我们的玩法总是不曾变化，不曾变革。既定的游戏规则已经僵死，几个挺身而出的国士，又能改变什么？又能扭转什么？谁敢在历史的节点上挺身而出，谁就是那个时代的悲剧英雄。当然，他们留下的财富，是一次又一次用他们悲剧的命运抚慰我们的心灵，让我们面对历史而思考，思考我们的出路在哪里，思考我们如何才可以在巅峰之后不再沉沦。

我们读史，更多的是习惯于同我们的作历史比较，更多的是去做纵向的分析。回首我们的过去，我们当然是进步了，文明了，发达了，阔了，有钱了。这，还用比吗？如果我们的今天尚不如我们的昨天，那我们究竟在干些什么？那真的是白吃白喝白活了。一头今天的猪，尚且会比昨天的猪胖呢！我们读史，不习惯于同我们的周边比较。

其实，读史，应该有两个坐标的，一个是时间，即我们的昨天和今天。这是我们习惯的，熟悉的。还有一个坐标，是空间，即我们的里面和外面。这是我们不习惯的，不熟悉的。读史，最好将这两个坐标同时比对。同一时间，我们在做什么，人家在做什么；我们做成了什么，人家做成了什么。这样，我们可以知荣，我们更可以知耻。知耻者，勇也。勇者无惧，勇者无敌。

我们曾经领先许多，我们现在落后更多。我们的外面强力变革，我们的里面尘封不动。几个仁人志士，叹何如哉！

巅峰之上，我们再经不起滑落了，再经不起那样悲凉的轮回了。

巅峰之上，我们是强力变革的时候了，不要沾沾自喜，不要自欺欺人，不要粉饰太平。

巅峰之上，只要我们图变革图创新，我们相信我们可以峰连峰，一路高歌向高原！

让国士的悲剧永远终结，让民族的命运永远高昂。这，才是我们应有的国运！才是我们真正需要的！

我们太需要一次长久的胜利，太需要久久地站立在巅峰之上。我们太需要了！

生命的慷慨

——一个古代部落消失的故事

从湖北的宜昌市越过长江，车行一小时，便进入了五峰山的柴瀑溪。江南的这片山峦，峻峭而秀丽，满山葱绿，连悬崖绝壁上也爬满青藤，郁郁葱葱，让人心旷神怡。柴瀑溪是国家级的森林公园，公园管理处的一位老者，领着我们逆流西行。没有古庙，没有房屋，甚至看不到人类活动的行迹。柴瀑溪完美的原生态，令我们感叹。

“这里是神仙生活的地方吧？”我问老者。

“不。这里过去是有部落的。”他说。

“很久以前，柴瀑溪的上游，生活着一个土家部落。”老者浓重的鄂西口音，在清凉的山谷回荡。

我们继续逆流而上，追寻柴瀑溪的源头，也追寻早已湮灭的那个部落的往事。

柴瀑溪上游的土家部落，我们无从知道他的名字，我们也无从得知还有什么文字的记载。如果没有发生后面的故事，这个部落也许会流传至今，也许会在这深深的山谷中繁衍后代。然而，故事发生了，发生在明朝时期。

明王朝时，东南沿海，倭寇成患。宰相张居正，出生于湖北荆州，他的得意门生戚继光将军，奉命出征东南，剿灭倭寇。经年累月的持久战，将军的部众已经竭尽全力。可是，倭寇在东南的崇山峻岭中飞岩走壁，神出鬼没，让将军头痛不已。张居正宰相突然想到了他的家乡，想到了家乡不远处的柴瀑溪。定居在柴瀑溪中的那个部落，不都是翻山越岭的好手么？宰相的力荐，将军的力请，便有了皇命——圣旨传到了柴瀑溪上游的这个土家部落！于是，决定这个部落命运的故事开始了，而这个部落湮灭的一天也来到了！

传说总是令人神往，传奇总是令人激荡。部落的土司王接到圣旨时，仰天大哭！不是悲而是喜！老王爷大喜而泣，喜极而号。这个小小的部落，在有文字史的几千年中，一直承受着命运沉重的负累，因为他们是蚩尤的后代，是蚩尤后代的唯一部落！

上古时期，华夏汹汹！长江中游的江南江北，承载了一个民族壮烈的歌谣。炎帝于江北的神农架山区遍尝百草，发现草药，救治部众，成为首领，是为神农氏。蚩尤于江南的五峰山率领部众渔猎耕作，解救饥寒，成为酋长，是为九黎族。也许是争夺土地，也许是争夺人口，也许是一个偶然的原因，无论历史如何记载，无论后人怎样评说，炎帝和蚩尤开战了！战场从长江之北打到黄河南岸，炎帝败退，结盟黄帝，大败九黎族，诛杀蚩尤。战争的过程和战争的结局，我们已经耳染目濡了千百回，无需细说。结果是，战败的蚩尤残部，渡江南下，涉水西进，进入莽莽五峰山。残部所涉之水，便是如今的柴瀑溪；蚩尤所剩后人，便成为柴瀑溪上游唯一的土家部落！

炎帝与蚩尤之战，也许就是一场兄弟之争，就像亲兄弟为了分配财产，先是口角之争，后来拳脚相向，再后来反目成仇，置之死地而后快。也许，也许吧？

侥幸生存下来的部落，战胜了自然的万险千难，也背上了历史的百折千绕。历代正史，均以神农氏炎帝为正，以蚩尤氏为寇。流寇残部，又怎能登入历史的大雅之堂？因此，历代王朝便有了一条不成文的惯例：蚩尤残部的这个土家部落，不得从军，不得为官！用现代的语言来说，不同的历代王朝，同样地对这个部落采取了"政治歧视"。

楚地的山峦同样峻峭，楚地的溪流同样奔腾，楚地的苍松同样挺拔，楚地的儿郎也是同样的壮怀激烈！不从军，不为官，千百年的屈辱标签，牢牢贴在一个部落的头上，是何等的奇耻大辱！但没有选择，谁让他们是蚩尤的后代，而不是炎帝的后裔?！他们选择忍耐，选择沉默。鲁迅说，不在沉默中灭亡，就在沉默中暴发！

明王朝的一道圣旨，给了他们暴发的契机！这不，部落的王爷仰天长啸，泪雨滂沱！

圣旨说，皇上格外开恩，恩准这个部落男子从军。圣旨又说，土家部落的男儿惯于越岭翻山，应全数征集，速赴东南，与倭寇决一死战！

整个部落的人马，当晚召集完毕。下至8岁以上的孩子，上至60岁以下的老者，只要是个男人，都带上了他们攀岩的长索，都带上了他们开山的利斧。从这一刻起，他们是军人了，是朝廷的军人了。那张紧贴了千百年的耻辱标签，终于湮灭了！

楚人是勇敢的，楚人是慷慨的，楚人是义无反顾的。端出美酒，点上篝火，王爷为儿郎们送行。清点人数，整个部落的男丁，不到300人。军团中，有十多个不满10岁的男孩。红红篝火映在他们满是稚气的脸上，闪闪利斧背在他们十分瘦小的肩上。这些未成年的孩子，也将和他们的父亲、叔叔和兄弟们一起面对无情的沙场。王爷让唯一的儿子担任这个军团的首领，领军出征。王爷让唯一的儿子代表军团盟誓，誓辞只有一句话："苟有一个人生还，全族共驱之！"

楚人壮行的歌舞苍凉而豪迈。神与鬼的面具，挂在男儿们无情的脸上；风与雪的劲舞，落在柴瀑溪葱绿的岸上。整整一夜的纵酒，整整一夜的狂歌，整整一夜的热舞。我无法想象那是怎样的豪情，我无法想象那是怎样的悲壮。同是楚人的我，只知道楚人的血液中流淌着无与伦比的激昂，奔流着无法想象的荣耀。

次日清晨，军团乘着木排，顺柴瀑溪而下，入长江，赴东南，奔沙场，等待他们的是血与肉的搏杀，等待他们的是拼尽最后的一口气！

故事的开头，便已注定故事的结局。军团全部阵亡在抗倭的战争中，无一投降，无一被俘，无一伤残，更无一生还！我们不知道他们是如何战死的，我们不知道他们姓什么名什么，堂堂大明正史，在需要这支军团流尽最后一滴血后，依然不肯让他们登入大堂！尽管正史并不认账，可是，土家部落的人们却认了，是认命，是认王朝给他们迟来的机遇！

据说，军团匆匆出征，朝廷除了一道圣旨，没有颁发军服，没有送来军械，没有拨给军饷。军团的土家儿郎们，是带着自家的干粮、长索和利斧出征的，是穿着自家的短服出征的，他们全部光着脚丫，用精赤的脚丫去与倭寇作一场山地的角力。

军团的终结，也成为部落终结的开始。男儿们全部殉国，部落赖以传宗接代的火种已经熄灭，部落的老人们，一个个终老西去，只有为数不多的女人远嫁他乡，将族人的悲壮演绎成长长的土家诗篇，代代相传。数十年后，柴瀑溪上游的这个土家部落，完全消失了，就像一片云，轻轻的来，轻轻的去。他们的耻辱，他们的悲壮，他们的荣耀，全部冷却在柴瀑溪冰冷的岩石中，淹没在柴瀑溪奔流的清水里。

青山依旧在，依旧柴瀑溪。讲述故事的老者无语，我和我同行的朋友们久久无语！浩瀚中华，茫茫楚地，又有多少曾经的悲壮与激烈云散烟消？

但是，我却相信，有一种精神是不死的，有一种永不惧死的精神是长存的，这是楚地男儿的精神，是楚地文化的精灵。楚地的儿郎，有太多的慷慨，太多的侠义，太多的激昂。生与死，显与贫，在他们的血液中无足轻重，在他们的生命中不值一提，唯有荣与辱，成为他们全部的信条，成为生命的支柱和生命的意义。是啊，千百年来，中华民族几经起伏，中央大国几度沉浮，而每一次总能够在一发千钧时转危为安，不就是因为有这么一批大好儿郎？他们洒鲜血为风，让民族重新扬帆；拼骨肉为城，让大国重新振发。不屈不朽的，永远是那种激昂的精神，是那种无畏的灵魂，是那种慷慨的生命！

慨当以慷，唯有生命！

在地狱寻找豫让

——春秋末期“士为知己者死”版权所有者的刺杀行动

一、要杀人

宝剑泛着青绿色的光，诡异、寒冷。

这是一柄青铜宝剑，握剑的是豫让。

豫让通体漆黑，双目如炬，横立桥头，倒提青铜剑。

“今天我要杀人！”豫让大声喊。

河水为之扬波，林木为之震动。桥头华丽的仪仗队，呆若一群木鸡。

谁是豫让？豫让是谁？他在这儿要干什么？

“今天我要杀人！”豫让再喝一声。

杀人？现在可是死罪！但是，还好，豫让站在春秋战国时代。春秋战国时代，诸侯列国文字不同，法律不同，许多小国，基本没有什么律法，杀人是寻常事。一直到战国结束，秦一统中国，大秦的律法，才在全国一致推行，杀人才被第一次在全国范围内定为死罪。

不过，你看看豫让这架势，他就是铁了心要杀人的，即使判他死刑，立即枪决或者打毒针或者上电椅，他也还是要杀人的，而且，就是要在这光天化日之下行凶杀人！

为什么要杀人？他有精神病？好像不是。

他要杀谁？谁令他非杀不可？好像不明。

杀人，对他有什么好处？是有人高价雇他来当刺客杀手？好像不像。

先别管这些，看看这小子到底今天能不能杀得了人。

二、大变局

多少回了，每一次我来拜谒晋祠，都会情不自禁地绕到西侧的围墙外，在这里徘徊，在这里寻找，在这里冥想，遥想当年那个以国士自诩的豫让，遥想那个孤身一人、持剑挡桥的豫让。

豫让所立之桥，即为豫让桥。

传说和记载中的豫让桥，位于太原西南24公里的赤桥村，在今日晋祠西侧。

传说和记载中的豫让桥，砂石砌筑，勾栏围护，始建于春秋时期。

传说和记载中的豫让桥，桥下之水名智伯渠。渠水清澈，灌溉着大片的农田。

如今，豫让所立的桥，早已不见踪影。桥下的清澈的河流，早已不知去向。

苍黄的泥土，灰暗的烟尘，真的覆盖了曾经惊天动地的往事？

史上的山西，青山绿水。

史上的太原，河山如画。

两千多年前的晋祠一带，又该是何等的隽秀呢？

两千多年前，战国的大戏，刚刚开始上演。豫让，只是这场大戏中微不足道的一个小角色。

小角色面临大时代，大变局，更多的芸芸众生，是会如泥丸一样不知所从的。而这个豫让，在大变局中，每以国士自诩，并力践其行。

春秋时代，诸侯之间的无义战，已经十分频繁。国内的大王——周天子已经无法干预了。土地已被分封，诸侯已经坐大，周天子无地、无钱、无兵，只是名义上的一国之君。而他的公卿们，却在各自的封地里拥兵自重，自立号令，自行其是。还好，春秋时期，周天子大王的公卿们，没有人敢以王相称，他们不过称公称伯而已。这，多少给周天子一种名义上的安慰。

然而，天下熙熙，皆为名利而来。既为利来，必动干戈。

春秋早年，晋文公重耳立志振兴，晋国一时之间雄霸中原，号称春秋五霸之一。然而，从春秋中期开始，国内的公卿贵族权力坐大，把握政权，十余个公卿大臣，几乎已经分别把持了国家的全部公权。把持了大权的十多个公卿，并不热心国事，只是关心自己，他们今天你杀过来，明日他打过去。优胜劣汰之后，到了春秋末期，晋国国内，只剩下四家公卿，他们分别是智家、赵家、韩家、魏家。

四个大臣，无不随时准备着灭掉晋国，吞食晋国公有的土地。实力排名第一的智家，主人是智伯瑶，此人聪明，实力又强，因此，率先挑起了土地争夺战。

此时晋国国内的这种情形，无非是整个中国情形的缩影。

这时候的全中国，名义上只有一个中国——周王朝；名义上只有一个天子——周大王。周，就是全中国，是国家的全部。国家的行政划分，大约是按王、公、伯、子的顺序排列的。王，在全中国只有一个，就是周大王。

周大王之下，是公。公，在当时，全中国大约是数以百计的。这些公们，就是各据一方的诸侯。他们属于国家的二级政权，相当于今天的省级行政单位。这些个省级行政单位，司法独立，军事独立，人才物权独立。他们之间，争战不断，无不渴望着吞并他人的土地，取周室而代之。省级行政单位，这时候一律名叫诸侯国，领导人一律称“公”。就是现在的省长了。

公之下，是伯和子。当然，也有少许的诸侯公以伯为称的。但大体上看，伯，并不全是诸侯之称。在诸侯之下，是那些叫什么君的，叫什么子的，他们是诸侯公的下属，享有封地。在晋国公手下，就有许多个子。子，这是一种爵位，也是一种实际的权力。这些人属于国家的三级行政单位，相当于现在的地市级行政单位。这些一级行政单位的领导人，就是现在的市长了。

在晋国，智、赵、韩、魏，就相当于现在山西省下属的几个地级市。所不同是，这四个地级市，几乎已分割了晋国的绝大多数人口和土地。

读春秋战国史，我们常常被那些个什么公什么伯什么子的名字搞得不知所以，因为我们没有分清他们的级别。现在我们分清了，就知道是怎么回事了。

周之礼，成为几千年中国历史的母体，为什么？因为他的设计是完整的，就比如封地的设计，爵位的设计，都已经分出了明确的等级。一直到大清，到袁世凯称帝，都一直沿用了周的爵位制度，即“王公伯子男”。

春秋末期，晋国已经衰落，如同周王朝的衰落一样。晋国，这个古老而雄峻的诸侯王国，走完了晋文公之时辉煌的历程，走过了晋文公之后残阳的余晖，就像一个蹒跚的老人，在暮色中无可奈何地摇头叹息。

公元前455年，智伯瑶随便找了个借口。一半是威胁一半是利诱，联合了另外实力较弱的两家——韩家和魏家，组成了三家联军，一起杀奔赵家而来。

赵家的主公，名赵襄子。中国有一个非常有名的寓言，名字叫东郭先生和狼。说是东郭先生救了一条被猎人追赶的狼，结果等猎人走后，狼却要吃掉东郭先生。后来猎人及时赶回，才救了倒霉的东郭先生的命。这个猎人，大名赵简子，时为晋国公手下的重臣。现在的赵襄子，就是寓言中的猎人赵简子之后。

赵襄子身材短小，相貌丑陋，父亲虽是重臣，母亲却是家仆，出身实在卑微。但人不可貌相，世间许许多多的伟人，大人物，好像个子都不太高，相貌都不太俊，可人家有智慧、有胸怀、有领袖魅力，所以才成了大事。没听说有谁靠英俊而成就什么大事业的。

智伯瑶统三家联军直奔过来，晋国马上面临一场大变局。

20世纪之前的整个人类史，每一次大变局，都是战争造成的。

敌军汹涌而来，赵襄子自知不敌，率先退守晋阳，也就是现在的太原。

三家联军围困太原，却久攻不下。因为太原城内，武器充足，士气高昂，人心齐整，加上城墙坚固，将士用命，三家联军一筹莫展。

一日，智伯瑶站在华丽的战车上，出营巡视阵地。天降大雨，立时水满沟壕。原来，雨季悄然到来了。看来，历史上的山西，是雨水十分丰足的，远不像现在这样年年渴得要命！

大雨拨动了智伯瑶的一根神经：如果开渠筑坝，蓄水冲城，那么，小小的晋阳，岂不要成为一片泽国？想到这里，智伯瑶开心地笑了，对驾车的小兵说："你看看，我就是聪明！"

是日，智伯瑶调动三家联军，开渠的开渠，筑坝的筑坝，硬生生在晋阳城外建起了一个人造大水库。水库蓄满水之后，他又命令从水坝上打开一个缺口，让洪水直向晋阳赴去。很快，晋阳城内，一片汪洋，眼看就要守不住了。

生死存亡之际，赵襄子派出能臣，暗中串通了敌方三家联军中的另外两家人——韩家和魏家，晓以唇亡齿寒、兔死狐悲的硬道理，终于将韩、魏两家硬拉过来，结成了自己的三家联军，并在次日晚上，将水坝对着智伯瑶驻军的一方打开豁口，同时，三家联军一起杀向智家军。

结果正如史书所记载的那样：智家军被彻底消灭，智伯瑶也被人从水里捞起来，让赵襄子割去了脑袋。

谁先发动战争，谁就先吞食战争的恶果。此言不虚。赵襄子一伙人，灭了智家军后，一不做，二不休，将晋国最后的国君晋静公也废了，将晋国的土地平分了。

这，就是历史上有名的三家分晋。

三家分晋，是春秋时代终结、战国时代开始的重要标志。三家如此分晋，灭了自己的上国，于周天子之法，于周天子之理，都实在说不过去。在此之前，还没有哪个诸侯国内部发生过这样大逆不道的事情！然而，三家人深知周天子想管也管不了，干脆上书周天子，要求以国家的名义，将这三个地级市一起晋升为省级诸侯国。周天子郁闷良久，只好下发公文、加盖公章，正式承认三家人的违法行为的后果为合法的结局。后来，司马光写《资治通鉴》，开篇就从三家分晋说起。他，以及他后来的所有的史学家一致认为，三家分晋，给诸侯各国开了一个很坏的头，彻底搅乱了国家的法度，彻底引导和诱使了全中国随后展开的大变局、大战争！

国家的大变局，跟那个手提青铜剑，口呼要杀人的豫让，又有什么关系呢？

三、小角色

曾几何时，在智伯瑶的家中，在智伯瑶的军营，人们经常看到一名长身玉立的美男子，手提青铜剑，时进时出，与智伯瑶如影随形。

他，就是豫让，智伯瑶手下的一名亲信，一名武功高强的剑客。

智伯瑶率三家联军围攻晋阳时，豫让随行军中。赵襄子率三家联军反攻智伯瑶时，豫让也在军中。此一时也，洪水汹涌而来，追兵凶狠赶来，智伯瑶孤舟受困，行将不敌。豫让突然出现在他的身后，奋力将主公的小舟推出很远，然后跃身水中，单剑拒敌，还回头大声喊：“主公快跑！”

但洪水实在来得太猛，豫让一下子被冲出去很远，连自己也不知身在何处。此后不久，智伯瑶终于被赵襄子抓住，一刀切下脑袋。

赵襄子对智伯瑶恨之入骨，将仇人的脑袋切下后，找来平遥城做推光漆的匠人，将他的脑袋做成了一个头骨小便壶，每天对着智伯瑶的头骨撒尿，以解自己的仇恨。这件事情被智伯瑶的亲信豫让知道了。

豫让，何许人也？司马迁写刺客列传，写了他，但也说不清出生年月。人们能知道的，是这位豫让为春秋末期晋国人，是智伯瑶尊宠和信任的家臣。据说，他的祖先曾为晋国武将，功夫十分了得。他生活的年代，是车辚马啸“春秋无义战”的年代；他活动的舞台，是六卿角逐纷争不已的晋国。在这个时代，他立过什么功？做过什么事？史无记载。一直到赵襄子灭了智氏全族，这个豫让，才突然间浮出历史的水面。

主公战败被杀，豫让藏于深山。藏在深山之中，豫让是如何听说赵襄子用智伯瑶的头骨做便壶的？那会儿没有电视广播，没有电子网络，深山中的豫让，当时应该是与世隔绝的。他从何处听到这一消息，是谁向他传送这一消息？我们真的搞不清楚。我们只知道在深山里，听到消息后的豫让，仰天长叹——

“士为知己者死，女为悦己者容。智伯知我、信我，我一定要给他报仇血恨。”

于是，豫让改名变姓，扮做服劳役的刑事犯，身上藏了短刀，混进赵襄子宫中，伺机行刺。豫让认为，一个人如果上厕所，一定会放松警惕的。于是，他将行刺的地点选在赵家的厕所。一天，赵襄子正要入厕，突然觉得冷风入骨，心胆俱寒。于是，他让卫士们搜查厕所，发现一个刑徒劳役神色异常，目露凶光，便捉来询问。结果，此人声称自己名叫豫让，是智伯瑶的旧臣，是为智伯瑶报仇而来。赵襄子的警卫人员立即要把豫让推出去杀掉。赵襄子摇摇头说：“这个人是个有义的人啊，今后我注意防备他就是了。况且，智伯全族被我灭掉，已经没有了后人，他的臣子要为他报仇，真是贤人义士之举。”这样一来，赵襄子并没有杀死豫让，还亲手释放了他。

小角色豫让，在春秋战国这出历史的大戏中一出场，便来了一句震古烁今的道白：士为知己者死，女为悦己者容。这一道白，2000多年来，不知道被引用了多少回？如果每引用一次都要给豫让算版权费，这老兄的后人，可真的发死了！

简单的一句话，道出了豫让真实的心态：我是智伯瑶的士！身为主人的士，就要做士当做的事情！

豫让这个小角色真的是胸怀祖国、放眼世界啊！他，决不认为只是一个小角色，而是国之上士！

国士又该做什么？

有人以国士自称，有人被誉为国士。上国之士，国之上士，岂是这么容易称得，当得？治国而昌，护国而兴，救国于难，扶国于厄，这样的人，是可以称为国士的。也许并没有称相拜将，也许并没有封王封侯，但，做了国之砥柱，是为国士。豫让之前，豫让之后，许多人治国无术，窃国有方，谋国无策，误国有余。这样的人，也是可以称国士的么？

四、纯爷们

看中国足球队比赛的时候，唯一的感觉，是这帮人不像男人，更谈不上爷们！当然喽，这个时代，举目望去，真正的爷们，又有几个？

其实，中国是不缺纯爷们的，豫让就是。

第一次刺杀失败，豫让并不罢休。

第二次刺杀赵襄子，结果又被赵襄子抓到。看来，赵襄子真的命大。

被赵襄子第二次抓到后，赵襄子问他："子不尝事范、中行氏乎？智伯尽灭之，而子不为报仇，而反委质臣於智伯。智伯亦已死矣，而子独何以为之报仇之深也？"

豫让说："臣事范、中行氏，范、中行氏皆众人遇我，我故众人报之。至于智伯，国士遇我，我故国士报之。"

豫让当仁不让，他以国士自居，并且说要用国士的方法回报之。

中国漫长的历史中，悲多于喜，衰多于兴，分多于合，真如漫漫的长夜，只有两个时期，可以说是人才辈出，国士辈出，一个是豫让所处的战国时代，诸侯群起，周室旁落，中国从奴隶社会向封建社会开始转型，社会大动荡，民族大危难，适者生存的环境，将人们推向竞争的极致，非国士不能图强救国。第二个时代，应该是清末年间，列强环视，华夏危卵，中国的封建社会向半殖民地开始转型，民族危亡千钧一发，朝廷腐败沉疴已重，图存救亡的迫切，将人们推向绝望的边缘，非国士不能图存。大变局往往能激发大才智、大勇气。除了这两个时期，中国的国士，几乎都是士气低落的，虽然许多人饱食了高官厚禄，却真的不是什么士。

豫让第二次被放出来后，应该洗心革面重新做人吧？

可他偏不，就不！

他总结了前两次失败的教训，对自己下狠心“革面”！他刮掉眉毛和胡须，以此改变自己的面容；他吞食火炭，以此改变自己的声音；他将含毒素的漆涂抹在身上，以此让身体脓肿长癞疱，改变自己的形体。做完这些之后，他沿街乞讨，连他的妻子从他身边走过都认不出他来。为了以国士的形式报仇，这小子对自己真够狠的！

有一天，豫让从前的一位好友，在大街上认出了他，惊讶地问：“你不是豫让吗？”

豫让回答：“是我。”

好朋友见他现在的样子，痛心疾首：“以你的才干和本领，如果到赵襄子门下做事，必然会得到他的宠幸。先混到他身边，然后再找机会杀掉他，岂不非常容易吗！何苦要这样自残身体，损毁容貌，想一个这么难的方法呢？”

豫让听了，不以为然，正色回答：“既然脱身投靠人家，做了人家的臣子，又要图谋人家的性命，岂不是怀着二心服侍君主。我若这样干，不正败坏了天下人臣之义，这和贼寇之行还有什么区别呢？我现在这种残身苦行的做法，自知极为艰苦，而且不易达到目的。然而我这样做，就是要使后世做臣子而对君主怀二心的人，看了我的榜样而感到羞耻惭愧。”说罢，拂袖而去。

你看看，这小子把话也说得真够绝的。

为了自己心中的目标，够狠，够绝，这是纯爷们才做得出的事情。

五、千古憾

愈挫愈勇，是国士的品格。两次失败，似乎更激发了豫让的必死之心。

一日，豫让正在街头闲逛。反正也没几个人能认得出自己，想逛就逛吧。

突然有人在说：明天，赵襄子要外出，要到智伯渠去查看。

说来也有些幽默。智伯瑶开渠，本是想水漫晋阳，没想到战事之后，这渠倒成了灌溉农田的水渠，于是，赵襄子命名为智伯渠。

豫让得知这一重大情报，当晚提前行动，匿伏在智伯渠的一座桥下。次日上午，赵襄子行至桥上，突然马惊嘶鸣。赵襄子立刻停了下来，对左右说："这必是豫让所为。"于是派人搜寻，果然找到了豫让。

赵襄子有些恼火，眼神冷冷的。你几次要杀害我，我都放了你，你这个人哈，怎么回来？

豫让并不恼火，眼神冷冷的。

赵襄子恼火了，眼神里露出了杀机。

此时，豫让持青铜剑，据豫让桥，绝无退让之意。

上午的阳光，明亮而温暖，阳光中有春天的气息，气息中有野花的香味，香味中有万物的生机。

桥下的流水，清澈而徐缓，徐缓中有琴瑟的韵律，韵律中有恬淡的闲适，闲适中有人生的快乐。

大桥之上，诸人环列。赵襄子与豫让，两个山西老乡双目对视，片刻便有了对白。对白当然是山西味的哦。

你是豫让？赵襄子说。

你咋知道地？豫让答。

你整了容,可是你的眼神未变！你就是豫让！赵襄子说。

是了！饿（我）就是豫让。咋了?！豫让答。

你这人格搅（没完没了）！饿几回放了你，你又跑来做啥了？你想咋了？赵襄子说。

饿不想咋了！饿就想要你人头了！饿就是想给饿主人

报仇了！豫让答。

傻货！都好久的事咧，你还瞎谝个啥！赵襄子说。

赵襄子说完了这句话，对傻货豫让颇为不屑。抬头看天，似乎不再把这个傻货放在眼里。

这时候，豫让鼓了鼓劲，不再用山西话了，而是用很标准很字正腔圆很有板有眼的普通话很义正辞严地对赵襄子说——

我这个人，从前是范氏、中行氏的臣子时，他们都把我当一般臣子对待。所以，我也像一般人那样报答他们。至于智伯，他视我为国中杰出的人物而厚待我，所以我也必须以杰出的行为来报答他，一定要为他报仇雪恨。

豫让这些话，让赵襄子很感动。赵襄子也收起了山西腔，用很标准很字正腔圆很有板有眼的普通话无可奈何地说——

豫让呀！你为智伯瑶竭忠尽义，名已经成了；而我也宽宏大量赦免于你，也做到仁至义尽。今日我不能再放走你了。

赵襄子这些话，让豫让也很感动。

豫让从容回答："我听说贤明的君主不埋没别人的优点，忠诚的臣子有为义而死的责任。上次你已经宽赦了我，天下无人不称赞你的贤明。今天我死而无憾，只求将你的衣服给我一件，让我刺上几剑，以了我报仇的心愿。这样即使立刻死去，我也毫无遗恨。我不敢厚望你能答应我的请求，只是冒昧地把心里话告诉你。"

赵襄子无话可说了。面对这样的一个义士，你又能怎么样？他赞赏豫让的义心，于是递给他衣服。

豫让拔剑布起。他三次跃起，三次击衣。完事后，高喊："我可以报答智伯的知遇之恩于九泉之下了。"

于是，豫让举剑刺向自己，飞身跃入河中。一时间，河水鲜红，桥面尽赤！

豫让死后，这桥被称为赤桥，又称为豫让桥。

豫让死后，赵国的仁人志士无不悲痛，后人更是推崇至极。今天在太原市赤桥村西侧，仍然残留着千百年来人们祭祀豫让的祠堂——豫让祠。而赤桥村还保留有当年豫让刺杀时所在“赤桥遗址”。时至今日仍有一首古诗流传在当地——

卧波虹影欲惊鸥，此地曾闻手椹愁。山雨往来时涨涸，岸花开落自春秋。智家鼎已三分裂，志士恩凭一剑酬。返照石栏如有字，二心臣子莫径由。

一千八百多年后的明代，以儒学闻名的大臣方孝孺写了一篇文章《豫让论》，对豫让做法提出批评，他这样说：“苟遇知己，不能扶危为未乱之先，而乃捐躯殒命于既败之后；钓名沽誉，眩世炫俗，由君子观之，皆所不取也。”

方老先生者，手无缚鸡之力也。可是，就是这么一个人，却认为豫让：“国士——济国之士也”，豫让既为国士，早就应该对智伯瑶攻打其他家庭的错误行为提出异议，甚至以死谏之，“若然，则让虽死犹生也，岂不胜于斩衣而死乎?”

这位方老先生如此评说豫让，最后的死法却也未能如自己的文章所说。史事记载，建文四年（1402年），燕王朱棣发“靖难之役”，率军入南京，将即帝位，召他草即位诏书，他以丧服哭殿陛，拒不草诏。成祖怒，被杀，并诛十族。同样也是“捐躯殒命于既败之后”。

郭沫若先生对豫让有个评价，比较中肯——

“在昔有豫让，他是义侠儿。”

六、谁够种

重名轻利是春秋的时尚，杀身成仁是战国的信念。有这样的时尚和信念，才有那时候凛冽的国士气质，有那时候国士的荡气回肠。

司马迁的《史记·刺客列传》中，写的刺客很多，但他们去行刺，都有不同的理由。然而，只有这个豫让，行刺的理由最为纯粹，最富理想色彩，最有国士气度。豫让只有“士为知己者死”的原则，将一个义字高高托举在一切准则之上，并以生命作为殉葬。古往今来，除了豫让，你几乎再也找不出一个这样的国士了。面对这样一个绝版2000多年的传奇，我感到悲哀，为他的绝版而悲哀！

豫让面前，谁还敢说自己够种?!

也许正因如此，中国人常常被称为一盘散沙，其实我们自己也经常这样自叹呵！宋末时期，常常是少许几个元兵，就可以驱赶着一大群中国男人，将他们一个个拉过去砍头；到了清兵入境，这样的故事重演着，只有时间在变化。再到了日本人打进南京，也常常是几个日本兵驱赶着成千上万的中国被俘虏军人，让他们一个个跳进土坑活埋。这样的一群人，不就是一盘散沙么？但是，我们不能责备这些散沙，因为可以凝聚他们的士早已逃之夭夭了！

国家是人民的，这没错。可是，治国、救国，却不是人民可以做的事情，这需要真正有士气的精英，需要他们出谋划策，率众而行。可可悲的是，许多时候，这些占据了高位的人，要么没有士的勇，要么没有士的谋，尤其是面临外敌的时候，这些人往往唯外人之说是从，整个一个纸上谈兵。千百年来中国的衰败，就是这些人惹的祸！

豫让，也许还算不上真正的国士，但是，他至少有一个国士的勇气和决心和义气。

士者，王之佐也，他们应该是国家的栋梁，人民的向导，力量的载体，行动的大旗！

士气已经死了，占据了士位的行尸走肉们，对内部穷凶极恶，对外部丑态百出。自唐末以来，朝朝如此，代代如斯。外部强硬之时，正是士人挺身之机。然而，可悲的是，自那以后，强项的士人太少，胆怯的士人太多。以清以来为例吧，日本的海军到了门口，外人说你的海军但不可战，战则会败，虽然那时大清的海军，在技术上在吨位上在火力上远胜于日本海军，可咱还是听外人的，老老实实将海军关在家里，让日本人万炮齐发，一轰而沉！日本人的军队占领了东北，直逼承德，外人说，承德不能守。咱还是听外人的，乖乖逃跑，让区区一百多名日军将数十万国军打得满天飞，占领承德。

一部近代中国史，是士大夫们被外敌劝败的历史！

血与火的战争，已经远去了，新时代面临的是民族与民族、国家与国家的经济之战、金融之战。没有炮火，可战争的残酷，远胜于炮火的掠夺，我们一个个的士们，真的醒了吗？

据说上世纪后半期，在二战中败于美国的日本人，经济突飞猛进，直逼美国。于是，大和民族的民族自尊心又一次高扬起来，他们拿着坚挺的日元，想要强奸美利坚，到美国的土地上开始趾高气扬地攻占，买企业，买广场，买他们想要的一切。战争面前，美国人只好发动经济卫国战争，直逼日元升值，接着又是精心设计的金融较量。一场没有硝烟战争下来，日本无声无息地惨败了，经济总量减少了50%！

这样的战争，比起炮火的攻杀，并不逊色呵！我们一个个占着高位的士们，真的看到了吗？真的醒了吗？真的准备好应对了吗？

没准备好，就别吹牛，别说你够种！

七、别较真

当年的智伯渠，因为五十年代太原市搞什么河渠覆盖，全部被覆盖成了一条暗沟，终年不见天日。豫让桥也因此毁去了。

处江湖之远，忧庙堂之高，真有点杞人忧天呵！还是寻找历史吧！

于是，我到晋祠，希望寻找到豫让的影子。晋祠的土地神告诉我："那个豫让啊，他在地狱呆着呢！"可不是吗，千万年以来，中国死去的人们的灵魂，都会进入地狱的！好吧，我们就到地狱去寻找。

那日豫让桥上，豫让引剑自毙，扑身入河，成仁了。一缕烈魂，飘飘渺渺，直奔地狱。

入地狱容易，出地狱却难了。国士豫让，本来长身玉立，神采奕奕，堪称是美男子的。可是为了成仁，他毁了自己身体，毁了自己面容，哑了自己喉咙，坏了自己双目。这般自残躯体，有失父母养育之恩，身体发肤受之父母，怎可这样毁掉？他又弃了妻儿，置他们于不顾，不养，不抚，人伦之道，怎能这样不顾呢？犯了这么多儒学的戒律，那你豫让只好下到第十八层地狱，因为这些罪，也真的不可赦啊！

地狱的一角，豫让正郁闷地抽着烟，好像是红中华的香烟，官场很流行的那种。没人搭理他，他也不搭理别人。清高的士人，即便为鬼，也依然清高。

地狱不空，誓不成佛。大殿之上，地藏王如是说。

郁闷的豫让，抬了抬眼皮子，自语道：这句话，你都说了几千年了！

抬了抬眼皮子的豫让想问一声：我何时出地狱？

地藏王好像已经看出了他的心思，说：慢慢排队吧，你急什么！

谁先出地狱？谁后出地狱？地藏王从来不说。地狱鬼魂亿万，一个个排着队慢慢来吧！

于是，豫让这样的士，只好在地狱憋屈着，等待着。他着急呀，地面之上，多少以士的名义自居的人正横行霸道，干着与士人相反的一切，而真正为士的他，却没法子出地狱而转世为人！

既以国士自称，必以国士自律。国士的律，到底是什么？豫让之前的孔夫子说了很多很多，但他老先生毕竟是个文人，所以，他啰里啰嗦说得很多，远不及豫让说的一句。

豫让的一句话，是这样说的——

士为知己者死，女为悦己者容。

气壮山河又入情入理，震古烁今又质朴无华。这，就是士的律，是士的行为准则。在他那个年代，知己者，国君也；国君者，国也。君即是国的化身。所以，为国君之士，不成功，则成仁。成仁即死。

什么样的人才可以称之为国士？

战国时代的士，是以国士自誉的，那时候的士，是由三个支柱鼎足而成，缺一不可。其一是忠，忠君，忠国，有邦国之志；其二是勇，勇敢，勇气，有涉险之慨；其三是才，才华，才智，有成事之能。三者不可或缺，缺一则不可以为士，则为士人所耻。在国与君面前，他们没有自我，没有个人利益，甚至连生命也不在话下。因为这样，战国时代的士，成为一个特殊的阶层，享有极高的地位，甚至超过了儒家的位置，得到君王和平民的一致喜爱。他们的行为，以这三者为标准，他们的人格，以这三者为准绳。风云激荡的岁月中，无方；私利百端诡计，国事一筹莫展。

一个时代的兴衰，往往是由人才的兴衰开始的。这个观点，我不知道是否准确。但有一点我可以肯定：一个衰落的时代，是没有士的时代；没有士的时代，是没有士气的；没有士气的时代，是死寂的时代，是灰色的时代，是比衰落更可怕的时代！

国内大学者季羡林先生，前些时说了一句话，让我震撼。老先生说：权力加上无知，是最可怕的事情。季先生一生文章很多，说话也多，他说的许多话，我真的都没有什么印象，对错均没有在意，独独这一句话，让我震撼，真的很震撼。也许，这会是季先生一生中最经典的一句格言。人之一生，不在乎说多少，不在乎说错多少，只要有那么一两句话可以传世就行了。

然而，愚钝的我，觉得季先生的话还有可以补充的余地。我试试看——

权力加上无知加上无耻，是最最可怕的事情。

好了。处江湖之远，未必不是一件让人快慰的事情，至少，你可以有许多时间去读史，去炒股，去打架，去泡妞，去游山玩水，去唱卡拉OK。

其实，读史是一种乐趣、一种爱好、一种消遣，你还千万别看得太认真，千万别真格的陷进去了，那样会郁闷的，那些事毕竟是古人的事，是不能推倒重来的事。再说了，你那么较真，谁又真把你当回事？明白吗？读豫让，也得有这份心态。

别较真，千万哦！

最苦最难是执著

——战国时代屈原的命运及价值取向

初夏赴湖北宜昌之南的秭归新县城，几乎是清一色崭新的楼群。曾经远久的传说，曾经悠远的历史，在这个簇新的县城，已经了无踪迹。是啊，由于上个世纪的葛洲坝水利工程和三峡大坝水利工程，长江三峡的水位两次抬高，秭归县城两度迁移，每一次的迁移，地势都更高了些，建筑物也更新了些。新县城郊区的凤凰山上，新修的屈原祠，与众多的建筑不同，青砖青瓦，飞檐斗拱，依然苍苍，依稀让我可以看到曾经辉煌过、伟岸过的那个魂魄。

远远的，屈原的青铜像傲立着，苦涩而沧桑的面容，似乎在一次次问天。屈子面前，一首首悲伤的骚辞，如电光石火，亦如远处的江水，奔流而过！人生如此的短暂，只有后人堆塑的青铜，永远保留了他的执著、他的坚韧！

大约公元前300多年，战国时期。屈原从鄂西的这片山区走出来，书僮挑着他的竹简，仆人掮着他的行囊。香溪河岸，一个贵胄子弟，就要到东边的楚都郢都做官去了，去施展他的人生抱负了。

顺着香溪河，年轻的屈原，一边吟着诗辞，一边看着河山。出香溪，入长江，他乘一叶扁舟，顺流而下，三四天后到达荆州，然后登上两匹马拉的车子，往郢都（今江陵县内）而去。那个年代，享受两马拉车，是士大夫和贵胄的礼遇呢。由此看来，楚王对屈原，心仪久矣！

屈原以诗人的浪漫情怀入仕了。入郢都之前，他的骚辞，已炙之人口，他也因此得到了楚王的器重。怀着浪漫入仕的这个诗人，将诗辞的美丽和华丽，付诸于自己的政治理想，因此也注定了他一生的悲凉。屈原之前的数千年，屈原之后的数千年，政途和官场，本来就凶险而诡诈。可是，诗人屈原，却是偏向虎山行，于荆棘丛中，拿出了他"美政"的主张。今天我们知道，春秋战国，多为无义之战，战无义，君无义，臣无义。彼一时也，群雄并起，个个唯利是图，人人刀枪相向，周礼已废，纲常已乱，末世来临，浪漫与美丽，成为那个时代罕有的奢侈品。屈原来了，就带着这与世俗迥然不同的东西，也带着许多的不合时宜。有时候，许多最美丽的东西，往往就不合时宜，特别是末世之时，所有的腐朽都会疯狂张扬，所有的美丽都会彻底摒弃。

屈原生平的资料并不多，确切的记载，应该是司马迁《史记》中的《屈原贾生列传》。尽管史料记载不多，但屈原的作品，处处洋溢着他的"美政"理想，成为这一理想的实录。他说，"举贤而授能兮，循绳墨而不颇"（《离骚》）。"举贤授能"，就是不分贵贱，把真正贤能的人选拔上来，反对世卿世禄，限制旧贵族对权位的垄断。所谓"循绳墨而不颇"，就是修明法度，限制旧贵族的种种特权。屈原的"美政"理想反映了他与楚国腐朽贵族集团的尖锐对立，表达了他革除弊政的进步要求，而其最终目的就是要挽救祖国危亡，使楚国走上富强的道路。

屈原不仅拿出美政的理想，而且始终如一的坚持着，执著着。他明知忠贞耿直会招致祸患，却始终"忍而不能舍也”；他明知自己面临着许许多多的危险，在“楚材晋用”的时代完全可以去别国寻求出路，但他却始终不肯离开楚国一步。其人格和意志，真是“可与日月争光”。屈原始终不变，从楚威王到楚怀王，又从楚怀王到顷襄王。然而，太过高洁的理想，往往是会受到太多的中伤的。国王烦他，因为国王是人；大臣烦他，因为大臣更是人。你那样的美其政而清其廉，人家还吃什么？人家还贪什么？屈大夫太多的浪漫和太过美好的愿望，触怒了太多人的利益，剩下的，只能是大伙儿一块儿想策，一块儿想策狠狠地排挤他，远远地流放他。

屈原曾两度流放。两度流放，都是因为他太坚持自己的主政思想，虽然这思想是正确的。他的坚持，为君所不容，为臣所不容。第一次流放是公元前296年，秦说客张仪由秦至楚，瓦解齐楚联盟，结成秦楚黄棘之盟，楚国彻底投入了秦的怀抱，屈原亦被逐出郢都，到了汉北。第二次是怀王三十年，屈原回到郢都。同年，秦约怀王武关相会，怀王被秦扣留，最终客死秦国，顷襄王即位后继续实施投降政策，屈原再次被逐出郢都，流放江南，辗转流离于沅、湘二水之间。顷襄王二十一年（公元前278），秦将白起攻破郢都，屈原悲愤难捱，完全绝望，要么放弃理想，要么为理想而殉葬，他选择了后者。

屈原是为了自己的美政理想而抱石投江的。他没法子将理想付诸现实，只好用生命作为理想的祭祀！

世间最苦最难的，莫过坚守一份理想，莫过于坚持一份情操。古往今来的历史，有多少人没有过这道坎？还需要一一列举么？生的诱惑太多，死的决断太难！而只有执著于一份理想和情操的人，才会于死中不死，于毁灭中永生，这个人是屈原。记得我年轻的时候，同北京师范大学的美学教授于丹谈论诗文，于教授说，屈原之后无诗人。听到这话，我真的从心底赞同。

文如其人，而且人文如一，只有屈原做到了。看看他流放途中的《涉江》，就知道他是何等的高洁，“披明月兮食宝露”，何其清雅高贵；看那首为将士壮行的《国殇》，就能知道他是何等的坚定，“首身异兮为鬼雄”，何其果敢与无悔；看那首期许中的《渔父》，就能知道他是何等的坚韧与执著，“举世皆醉唯我独醒，举世皆浊唯我独清。”何等的清高自傲。屈原之为屈原，由此可见一斑。

太多的执著，就会有太多的磨难。昏君的呵斥，小人的谗害，流放的凄苦，风雨的侵蚀，也许对屈原这样的伟人算不了什么，可是，理想的陷落，抱负的东流，那是何等的折磨着他的灵魂！屈原没有采取迂回，没有选择大智若愚，没有隐其锋芒改为阿谀奉承以待时机。他选择迎难而上，明知不可为而为之，悲于此，亦壮于此，烈于此。这也成就了屈原的伟岸与高洁。

所有的高洁，来自于最卑鄙的衬托；所有的伟岸，来自于最鄙夷的烘托。当屈原的高洁与伟岸彪炳青史的时候，昏君和小人的寡廉鲜耻，也永远钉在了历史的青铜器上。“了却君王天下事，赢得身前身后名”，千年后辛弃疾的《破阵子》，写着自己，依稀写照了屈原，因为那时的辛弃疾，正好也在湘中的飞虎营，正好也怀着不能报国的郁闷。据说辛弃疾曾船到秭归，他遥望屈祠，因不能上岸拜谒而抱憾不已。历史浩浩，成败如烟云过眼，成败中留下的人格，却永如磐石，屹立不倒，伟者愈伟，伪者愈伪。这是亘古不变的真理。

回首我们这些芸芸的众生，看看我们这个纷繁的俗世，只有屈原的青铜像，依然那样凛然，那样凄苦，那样不屈地问天。

2000多年后秭归的天空，湛蓝而圣洁。秭归位于湖北的神农架山脉，这儿是一片神山圣水。上古的炎帝，就是在这儿尝百草，治百病，强大了他的部落，后与黄帝并称为中华文化的始祖。屈原本身是帝王之后，血统高贵，性格也就高傲，他与孔、孟出自社会底层所不同，他的贵族血统和白璧般的心灵，使他无法与世俗苟合。而且他具有高贵的善性，这些在人间的倾轧中，在仇恨和嫉妒的利剑中被搅得粉碎。阳春白雪的屈原，失宠于帝王，落魄于官场，又要抗拒堕落。结果，太过执著的他挫败了。

农历五月，行走在秭归山区，鸟语花香，扑面而来。百鸟之中，一种名叫秭归鸟的声音，高亢而凄凉。

“我哥回呦……我哥回呦……”

秭归鸟千百回不停地呼喊，尽管往事跨越了两千年，可她的呼喊依然这般执著。当地人说，自屈原死后，每到屈原五月的祭日前后，这种鸟便一次次高喊。“我哥”屈原永远不能回来了，回来的是他的魂魄，是他不死的精神。古往今来，无数成功的英雄，用功绩温暖了中华大地，屈原作为一个失败的英雄，用玉碎的生命，抚慰着中华人的灵魂。

屈原故里，如今大部分已经被水淹没，只有少许的耕地，可以种作。乡间，一名老者讲述这儿的一奇：黄牛水牛，均不系绳，无论耕地，无论拉车，无论放牧，用不着主人拉扯和鞭打，他们完全会按主人的意图行动，完成一切工作。这一奇景，世界罕有。据说当年屈原领着书僮赶考，途中捆系书简的绳子断了，屈原走进田中，解下耕牛的绳子，捆好书简。此后，屈原故里的牛儿们，便通了人性，再也不用系牛绳了。你看，受着屈原的影响，牛儿们也会如此的执著。

也许我们就是凡人，也许屈原的时代已经太过遥远。处在一片荣华的屈原故里，我们禁不住自省。少年时多少远大的理想，中年时多么宏阔的抱负，许多已经放弃了，星移斗转，销蚀的是曾经激荡的热血，是曾经坚韧的意志。也许我们是俗人，是凡人，为了生，为了生活，为了生活的舒适，我们如动物一样调整着自己适应风雨，顺应寒暑，附应荣华。于是，早先的高洁，早年的恢弘，成为纸醉金迷，成为所谓的现实主义。屈原死了，执著的灵魂在汨罗江沉沦，尽管我们用粽子和米酒呼唤了千百年、千百回，却总不能回返。

执著是一种气节，气节是屈原生命的全部。执著是一种情怀，情怀是屈原生命的歌谣。如果没有气节和执著，所谓的文人，要么无聊，要么无耻。屈原诗写生命，气节贯长虹；屈原生命写诗，诗篇传古今。诗化生命，生命化诗，唯屈原而已。

站在屈原祠前，思绪飞越了千年，飞越了楚地的关山。南来北往的车辆，西去东来的游人，多少的物欲在这儿横流，多少的热情在这儿飞扬。一个时代过去，一个时代兴起，潮起潮落。也许屈原想象中的楚国的繁荣盛世已经到来，而盛世的人们，物欲恐怕早已淹没求索，还有谁记得“路漫漫其修远兮，吾将上下而求索”？我们无法再执著什么了，但庆幸的是，楚地的后人们，起码执著了一点：在江水上涨时，执著地让屈原祠一同上涨。当我们带不走伟人的精神和人格时，我们至少带走了他的青铜像，带走了他的楚辞，带走了他祠中的砖和瓦。宽容些，这已经够了。

人生最苦的不是挫折，人生最难的不是挫折。最苦最难的，是一次次在挫折后坚持如一，怀玉不变。这是屈原。

最苦最难是执著。不信你试试！

我的高傲你永远不懂

——汉朝国难当头时的王昭君

弯弯的山路消失了，曾经蜿蜒的香溪河也消失了。三峡大坝告成，库区水流上涨，秭归和兴山两县的许多土地，永远沉睡在江流之下。十年前，我乘车绕山路来到昭君故里，如今，只能乘三峡库区的游船，寻找昭君故里的踪迹。还好，库区的水位，正好涨到昭君故里山门的石阶前，过去泊车的石阶，如今已成泊船的码头，真是桑海苍田！

弃舟登岸，昭君故里的一切，没有任何变化。目睹旧物，昭君，这个绝世楚地女子的形象，在我的脑海闪烁，她鲜为人知的性格，就像这汪洋库区的青山，傲然凸现出来。

世人知道的是昭君绝世的美丽，世人不知的是昭君绝世的高傲。绝世的美丽加绝世的高傲，成就了昭君绝世的美名。

据说，西汉元帝时，大选秀女入宫，天生丽质的昭君，高傲而自负，不愿参选。作家高阳先生写的《王昭君》一书中，开篇就描写当时的情景，说是选秀的官儿到了县衙，从女子中选来选去，总是不甚满意，当县衙问他“可曾有遗珠”时，他说的是“本无珍珠，何谈遗失?”而后，他意外地在乡间发现了昭君，喜不自禁，以为仙女下凡。然而，昭君父母，均答以“难以应命”，不愿入宫。无奈皇命难违，昭君才于公元前36年仲春，泪别亲人，入香溪，进长江，逆黄河，过秦岭，历时三月，抵达京城长安待诏。不愿入宫的昭君，因为她从心里看不起皇帝老儿，在这个16岁的少女看来，皇帝并没有什么了不起，为什么要去爱他呢?

入宫了，年少的昭君，继续挥洒着高傲的情怀。难怪呵，楚地的山峦峻峭，楚地的江河清澈，此山此水养育的儿女，也如此山此水一样，高洁着，傲然着，皇宫的荣华，尘世的奢华，他们视若无物。

皇帝骄奢，秀女太多，无暇应对，便任命宫廷画师毛延寿一一画下，送上过目，有看中的才可以见面。

小小的毛延寿，因这点儿权力，似乎成了皇上选秀的“组织部长”。许许多多入宫的秀女，为了让皇帝一亲香腮，打通关节，重贿画师。而昭君独以为耻，不为之。毛延寿曾对昭君明示或暗示：我的画笔可以点石成金，只要送来金子，你凭才貌，一定可以走上龙榻，说不定就是未来的皇后呢。昭君反唇相讥：纵有金子，也不予你这无耻之徒。高傲的昭君，得罪了这位“组织部长”，如何能够得到晋升的机会？于是毛大人打击报复，在为昭君画推荐像时，在她的脸上点了一个黑痣，就像现如今给某位候选干部的推荐档案里装了一份黑材料。昭君落选了，名落孙山，深藏冷宫无人问。

高傲者有胆。昭君即是如此。整整三年的冷宫日月，昭君积怨，但无怨，这是她自己选择的命运，是她为高傲付出的代价。好在她还年轻，如果像如今四、五十岁的领导干部，遇上昭君这样的命运，没准会愁白了头发！昭君没有。她在等待，高傲的人，必有一颗敢于傲视的胆。

高傲者有识。时光让美酒更浓更香，时光却让美人日渐老去。美酒喜爱时间的窖藏，美人畏惧时光的冷藏。昭君被送进冷宫，一藏就是三年！三年中，她一定有许多的怨，有许多的恨，恨毛延寿，也怨君王无情。不过，她不后悔，这是昭君的性格。等待中，机会终于来了。机会来到时，只有智慧才能抓住。这是昭君。

公元前33年，匈奴呼韩邪单于来朝，要娶汉人女子为妻。汉元帝正苦于无法抵御匈奴的侵犯，见到呼韩邪单于来朝求娶，觉得正好化解干戈，平熄战火，好过自己奢华的日子。于是，他下令集合后宫佳丽，为其选择。王昭君久居深宫，听说匈奴前来求亲联姻，主动要求离汉宫去匈奴。汉元帝只知她缺少姿色，因此同意了她的要求。

到了呼韩邪单于临别的那天，汉元帝见王昭君丰荣盛饰，光明汉宫，顾影徘徊，不禁大吃一惊。他本想把她留下，可是怕失信于人，只好忍痛割爱，让王昭君出塞和亲。据传，汉元帝由此对画工毛延寿大为恼火，遂有杀毛延寿等画工之说。对昭君来说，自请和亲，大约有三层含义，一是到蛮荒之地，扬自己之长，施展才能。二是选一处无人愿去的地方，为自己找到一片天地，古今以来，多少不得志的忠臣良将，不就是这么做的吗？三是给皇帝老儿看看，我女儿之身才是真正的人中之凤，让你皇帝老儿后悔去吧！达到目的，昭君扬长而去：出潼关，渡黄河、过雁门，次年到漠北，在蓝天白云和绿水青草间放飞一颗高傲的心！元人杂曲曾有一个描写：君王坐名堂，送昭君出塞。昭君一甩水袖，对着满堂的文武，轻轻地叹道：满朝文武，却要我女儿去和番！闻听此言，君王羞愧，文武汗颜。如果历史上的昭君，真的这么说过，我相信她一定是说给君王听的，她是想告诉君王：我一个女子，已经胜过了你的满朝文武！何等的傲气啊！

高傲者有为。高傲是自信的极致。只有自信的人，只有脱俗的人，才有大作为。昭君做到了。呼韩邪临辞大会，元帝意欲留昭君，但又不能，只好赏给她锦二万八千匹，絮一万六千斤及黄金美玉等贵重物品，并亲自送出长安十余里。昭君在队车的簇拥下，出京师而北上，历时一年多，于第二年初夏到达漠北。蓝天白云之下，绿草青山之间，昭君大展才智，教牧人以文字，授平民以耕作，让汉匈成和睦。史载：此后“边城冕闭，牛马布野，三世无犬吠之警，黎庶忘干戈之役”。多少将军文人做不到的事情，她一个女子做到了！公元前31年，呼韩邪单于亡故，留下一子，后为匈奴右日逐王。王昭君以大局为重，按照匈奴“父死，妻其后母”的风俗，嫁给呼韩邪的长子复株累单于雕陶莫皋，又生二女。公元前20年，复株累单于又死，昭君自此寡居。一年后，33岁的绝代佳人王昭君去世，厚葬于今呼和浩特市南郊，其墓依大青山、傍黄河水。后人称之为“青冢”。

高傲者有名。名垂千古的，多为高洁之士。古往今来，反映王昭君的诗歌有700余首，与之有关的小说、民间故事有近40种，写过昭君事迹的著名的作者有500多人，古代有李白、杜甫、白居易、李商隐、蔡邕、王安石、耶律楚材等，近现代的有郭沫若、曹禺、田汉、翦伯赞、费孝通、老舍等。2000多年来，生长在巴山楚水地区的一个山中女子——王昭君，竟引起历代文人的心灵共鸣，把中国文坛搅得风雷激荡，不能不说是一个奇迹！

游罢昭君故里，返回岸边，登上游船，船上的音响，正播放一首优美的歌曲：我的柔情你永远不懂。我想，昭君如果再世，她也许会如此唱道：

我的高傲你永远不懂……

刘琨死后无奇士

——刘琨驻守太原1700周年祭

一、谁人堪称百炼钢

这是**2007**年的元旦之夜。携好友，驾长车，赏残雪，我在龙城作无目的漫游。散落的灯光，如同正在逝去的繁星。车马稀落，城市正在寂静下来。这时候，一个遥远的名字，竟然如电光石火，闪过我的脑际——刘琨。

不错，在浩如烟海的龙城名人中，我喜欢刘琨，甚至可以说酷爱刘琨。对于这样一个遥远的名字，今人的陌生，是完全可以理解的。但是，前些年有一首十分流行的歌曲，好像是《月亮惹的祸》,歌词中反反复复地唱着一句:“百炼钢成绕指柔”。如果你听过这首歌,听过这句歌词,那么,你就已经知道了刘琨。因为这经典的一句歌词，正是从刘琨的诗中演化而来。刘琨临死前写的《重赠卢谌诗》云——

何意百炼钢，化为绕指柔。

刘琨的两句诗，成了今人流行歌的经典名句。

我酷爱刘琨，不仅因为这首诗的俊朗与清高，更因为他作为一个贵族文人的传奇与悲剧。我总以为，刘琨是贵族文人的绝唱，是千古少有的奇士。

谁人堪称百炼钢？新年元旦的灯光之下，我漫游在龙城太原的寒风中，三分醉意，七分散淡。一场大雪，正在消融。想想1700年前的那个寒冬，刘琨也在太原，在龙城做他至为艰难的事情，在龙城奔向他一个贵族文人事业的巅峰！

二、逆流而上显豪强

公元307年，西晋永嘉元年。刘琨受命为并州刺史，上任太原。如果不上任并州刺史，刘琨也许不会青史留名的，时势造英雄，英雄也把握了时机，演奏了人生的华章。

穿越1700年的时空，山西这片土地，山川俊秀，河谷葱浓，茂密的森林和丛生的野草，漫无边际，人类只能在荒山绿野中垦出少许的土地种植、些许的土地建宅，仿如绿色大地上星星般微弱的伤痕。天赐的美好环境，正适合马背民族的茁壮成长。他们用马刀，用弓箭，用铁蹄，一次次冲击泱泱大国连绵了千余年的伦礼和纲常。当鲜血染红了丛林，当尸骨压住了青草，华夏民族的纲常伦理，也如风雨侵蚀中的大厦之木，枯了，朽了，腐了。大厦将倾，纲常败坏，人心动荡，世态炎凉，这就是1700年前的太原，就是刘琨要去的太原。

当此之时，华夏正统的西晋王朝，已经风雨飘摇。雁门关外的“五胡”（五胡指的是匈奴、羯、氐、羌、鲜卑），其实就是当时的少数民族，已经涌进雁门关内，圈土地夺城池，树旗号称王霸，史称“永嘉之乱”。永嘉之乱，又被一些史学家称之为“五胡乱中华”。“五胡乱中华”，从永嘉元年，也就是公元307年正式上演。巧的是，这一年也正是刘琨出任太原的时候。更巧的是，五胡乱中华，起源就在山西。当时，匈奴一部的刘渊，已在离石建立了汉，自立为帝。各部匈奴和北方的少数民族，与晋室相争天下。可以想象，大晋版图下的并州，早已被北方民族割据。刘琨拿着手中的委任状，形同空文一纸。无兵，无钱，无地，这个刺史怎么上任？怎么行使职权？一切都是问题，是大问题呵！

此时的太原，每一个人的生命已不属于自己。生命尚且不属于自已，还顾得了什么使命呢？

面对着浩荡的浊流，刘琨逆流而上了！逆流而上，方显豪强本色！

两晋十六国，五胡乱中华，关于这段历史，人们是众说纷纭的，在我写刘琨的这篇小文章中，我也不得不时时地提起，因为这就是刘琨当时的大背景啊，不提背景，又如何可以将他说得清道得明？不管众说如何纷繁，但有一点是公认的，那就是两晋十六国之时，是中国历史上最黑暗的岁月，是最无耻的岁月，是最血腥的岁月。父子相残，兄弟攻许。大肆掠杀，所有人世间最不齿的事情，都在这时发生了，发生着。为了地盘，为了皇位，为了美女，所有的纲常伦理均在九霄云外，所有的寡廉鲜耻都在上演之中，正是这个时期，成为华夏文明史上最黑暗的长夜。而黑暗的长夜里，骤然划空的流星，也就格外的耀人眼目，动人心魂。刘琨，正是这黑暗长夜里少有的一颗短暂的流星。疾风劲草，板荡英雄，此之谓也。

贵族的血液中，总是流淌着一种豪迈，涌动着一种激情。明知不可为而为之，明知山有虎而行之，这是贵族，至少也是个精神贵族。

三、锐意仗剑直向北

刘琨就是真正的贵族。他出生于河北无极县，汉时名中山，是汉家天下时中山靖王刘胜的后代。刘胜，好像也大名鼎鼎，他的大名，并非为王时有什么作为，而是他死后，用金缕玉衣作为陪葬，奢华至极。今人在河北满城他的陵墓中，找到了这件稀世珍宝。于是，刘胜便与现在的国宝“金缕玉衣”永远连在了一起。

刘琨的少年，是放浪而过的。谁让人家是贵族呢？魏晋之时，名士风度已大成气候，纵酒、高歌、清谈、吟诗、作赋、赏舞，是名士们引以为荣的事情，贵族子弟，无不趋之若鹜。若不纵情声色之中，也太不正常。

以我的理解，大英雄、大侠客、大文人，都是声色种子，都是情性中人，都是不拘无束的。没有这样的豪情与豪迈，你还能成就什么功业？真正凡夫俗子一个，不如回家洗碗去吧！

祖父当过朝廷的相国参审，生父当了朝廷的光禄大夫，贵族之家，又是达官之家，刘琨便有放浪纵情的条件和环境。京城里头，有一首富，名石崇。此人是中国历史富豪榜上有名的大人物，真正是富可敌国的。石崇修了金谷园别墅，且富且豪，喜欢日进千金，也要日耗万两，又好风雅。于是，石老板整天在自己的金谷园别墅里头，宴请京城里的一帮贵族达官子弟，吟诗作赋，纵酒欢歌，竟然一不留神，形成了一个文人团体，号称“文章二十四友”，刘琨也侧身其中。

20多岁的刘琨，正值青年，热血热肠，是很喜欢诗酒歌舞的。东汉之时，胡人歌舞，已在曹操的推介之下入了京师。所以，到了魏晋，观赏胡人女子的舞蹈，是一种时尚，大约相当于1700年后的今日，人们在酒吧中欣赏来自欧洲的钢管舞吧。马背民族的女儿们，身着单而薄的短裙，描着细而弯的柳眉，在灯光酒香中跳着草原风情的舞蹈，香风阵阵，浓情徐徐，当是勾人魂魄的。哪个青年男人会不喜欢这些呢？但凡说自己不喜欢这些的，要么是变态，要么是虚伪。刘琨当然喜欢，喜欢胡姬的歌舞，而且他也会与胡姬们且歌且舞，不知道他们当时共舞的，是探戈类，还是华尔兹？总之，一定是很缠绵的那种。不信，有刘琨的诗为证——

虹梁照晓日，渌水泛香莲。如何十五少，含笑酒垆前。花将面自许，人共影相怜。回头堪百万，价重为时年。

这样一个风浪放荡的贵族公子，能堪一用么？如果放在今日，大概是要受到调查或者被“双规”的。然而，刘琨生正逢时。魏晋重名士风度，刘琨风流成名，加上家里的上层关系，终于迎来人生唯一的一次重要机会——并州刺史，加振威将军。

老实说，这不是个“肥差”，完全就是一个苦差事。稍早时期，曹操为了化解日渐强大的匈奴部落，下令将匈奴分为五部，分封五个单于，部分匈奴迁居关内。在当时，是将匈奴化整为零了，也将他们开始汉化了。可是，到了晋朝，偏偏发生了“八王之乱”。

说到晋朝，真的是不争气的可以！中华民族的历朝历代，虽然都免不了灭亡的悲剧，但他们的灭亡，要么灭亡于国内的农民起义或者诸侯起事，要么灭亡于外族入侵或者强敌的打压。而这个晋朝，既不灭亡于内忧，更不灭亡于外患。司马家族从魏氏手中轻松取得了天下，人心思安，国家康泰，外族也不强大，如果好好的治天下，或者是平庸的治天下，天下是可以安宁的，是可以有两三百年的好日子过的。然而，司马家的王爷们不安分，非要一个个拼个你死我活，杀来杀去，终于将自己杀了个七零八落，真是典型的内耗。这就是“八王之乱”。“八王之乱”后，朝廷疲弱，掌控乏力，五部匈奴和北方的多个少数民族已经壮大，纷纷叛离，在离并州不远的山西离石，就建立了匈奴人的后汉国。并州四周，已全部为反叛的胡人占据。

这样的局面之下，让一个人出任并州刺史，简直是羊入虎口，让他去送死！对此，刘琨是心知肚明的。他在自己的诗中说："烈烈悲风起，冷冷涧水流。挥手长相谢，哽咽不能言。"其心之悲凉，跃然于纸上。又云："去家日已远，安知存与亡。"生死存亡，未可知也。

生死未卜而毅然前行，要些勇气，要些放荡公子哥儿们置生死于度外的冒险劲儿。刘琨具备这些。辖区为胡人占据，朝廷又无一兵一卒可派，刘琨是只身前往的。陪伴他的，只有书囊和他喜爱的胡笳，还有他的意志和他的宝剑。

中国的传统史家，一直以正史为正。所谓正史，无非就是统一了中国的王朝史。没有形成统一的，均不入正史。设想一下，要是当时北方民族的刘渊或者石勒灭了晋朝，统一全国，那么，史学家们也许不会称这个时期为"五胡乱中华"，兴许就会说是胡人兴中华了。

实实在在的说，五胡乱中华，为祸了当时，分疆裂土，杀人无数，战乱不休，生产大倒退，经济大萧条，诚可恨也。然而，五胡乱中华，却也为福了后世，民族交融，胡汉通婚，文化交合，仅是从优生学的原理上讲，也是大有裨益的。没有五胡之乱，又怎么会有中华大家庭的兄弟之众多？文化之灿烂？

当然，身赴险地的刘琨，是没有想到这些的。他所要想的，所要做的，是收复并州，为晋朝巩固北方的这片疆土。

离开京都洛阳，渡过浩浩黄河。他仗剑而行，一路北上。无兵无钱，他就凭自己的一副好口才，一路上招兵招马。没有钱粮而要招募军队，何其难也！好在大乱之下，人心思安。有人振臂一呼，总有归附之人。虽说是朝廷分崩，人心向背，未可测也，但，个人的魅力，在危难之时总能发挥出想象不到的魔力。刘琨就以个人的魅力去招集那些流浪的汉子。一边走着，他一边吹奏胡笳，作为一种精神食粮吧。他招募的一千多人，行不能成军，战不能成阵，简直如一群乞帮。这些乞帮，就这么跟着他，一路步行到太原——并州的首府晋阳。

四、胡笳退兵也铿锵

刘琨到了太原，人生最精彩的大戏，才开始上演。

时间大约是307年的冬天。

他领着自己的千名乞帮入了晋阳。环顾四方，凄然泪下。曾经繁华过的城市，已面目全非。城墙毁坏，残砖乱泥，勉强充其数。房屋破坏，几乎没有一间可以遮风避雨。泥泞的街道上，到处是饿毙者的尸体。成群的野狼，在尸体间追逐。胡人的兵马，几次攻陷这个城市，每次攻毁之后，都会大肆掠杀，老弱杀死，弃于街头；青壮缚走，卖出为奴。惯了游牧奔走的胡人，并不想在晋阳安居乐业，能毁则毁之，能烧则烧之。所以，刘琨来到大劫大难中的晋阳，一切可想而知。

虽然残破不堪，但责任又岂能推辞？刘琨领着自己一路招募的千余乞帮子弟，整合晋阳城尚未来得及逃走的数千百姓，重建晋阳。他们用双手，他们用泥块垒起城墙上的缺口，用门板建起城廓处的城楼。转瞬之间，龙城的炊烟升起来了，龙城的商人活动起来了。奄奄一息的晋阳，出现了新的生机。

生机中的晋阳，已经孤悬在外，四面胡敌。诸胡之中，以刘渊最为强大，而刘渊在离石为都的汉国，与太原近在咫尺。只要走出太原数十里，胡人的铁骑比比皆是。太原市区的袅袅炊烟，勾起了胡人贪婪的欲望。抢掠的机会来了，胡人当然是不会放过的。于是乎，三天来一群，五天来一帮，小股的胡兵，时时前来攻打，刘琨真的是疲于奔命，忙乱不堪。

深秋的一天傍晚，刘琨带着胡笳，着一身白袍，踱出自己的刺史衙门，准备到新开的一家酒廊去喝两杯。酷爱诗酒美人的刘琨，忙着收拾这个破城市，已经好久没有饮酒了。

凉风习习，漫步长街，夕阳的余晖，掠过西山，给城市披上一层苍黄。这样的时候，真的是适合文人侠士饮酒作乐的。如果在京城，如果在豪华的京都金谷园别墅，恐怕早已是酒过三巡，美人环列了。想到这，刘琨苍然笑笑。

就在这时，城门外，马蹄阵阵。胡人的呼啸穿城而入。刚才安静祥和的城市，顷刻间鸡飞狗跳。——战争又一次来临了！

刘琨一边奔向城楼，一边呼喝着百姓拿起武器，上去守城。登上楼来，城外的荒野上，铁骑如黑云一般涌来。后人的史书记载，这一次，胡人整整派来了五万兵马，立誓要铲平晋阳。刘琨环顾城墙上的部众，区区数千人，盔甲不全，刀矛短少。以此守城，如何能守？以此出战，如何能战？晋阳，看来在劫难逃了！

文人侠士，总有他出奇不意的地方。名士风度，自有他泰然处之的做法。望着远山残阳的血色余晖，刘琨长啸连绵，声音远达数里之外，满城皆可听见。啸，有人以为是大声呼喊，也有人以为是用嘴巴吹口哨。我觉得，好像都不太准确。啸，或许是从咽喉深处发出的一种挺直的声音，如喷涌而出的岩浆。刘琨的啸声，十分苍劲，十分凌厉，十分骇人。城外胡人的战马，骤然听到这样的长啸，惊骇不已，乱蹦乱跳，骑手不能控制，掀翻骑手，互相践踏，一时乱不成军。大乱之下，自然已是无法攻城。直到夜幕降临，明月初升，胡兵胡马，仍在混乱之中。

深秋时节，月华如练。明月高楼，本当纵酒赋诗。然而，刘琨没有心情，刘琨不敢大意。城外，毕竟是五万铁甲之师呵！刘琨亦无可奈何，城内，毕竟只有数千血肉之躯呵！大文人，大侠士，又一次施展他的过人之奇。

他登上城楼的最高处，掏出胡笳。胡笳，是胡人喜爱的乐器，两汉两晋时期，北方十分风行，绝不亚于现在的流行歌曲。胡笳凄婉，多有呜咽之声。

对牛弹琴，牛是不懂的。对胡人而吹胡笳呢？

风飘飘，云飘飘，衣带也飘飘。飘飘渺渺中，刘琨吹起了胡笳。胡笳呜呜咽咽，悲悲切切，凄凄楚楚。不尽的乡思，无尽的乡愁，在音乐的旋律中弥漫了太原城外的荒山野地。起先是胡人乱糟糟的兵马安宁下来了，他们在听，在听城楼上那个白衣书生吹出的曲子。而后，胡人开始下马了，他们盘膝坐在草地上，他们还在听，听城楼上那个白衣书生吹奏的胡笳，胡笳中弥漫的故乡思念。再而后，胡人们开始抽泣，开始流泪。他们还在听，在听声声胡笳中远方的亲人是否安康！再而后，胡人整衣上马，三三五五，悄然驰去，他们不听了，他们要回家，要回胡笳吹奏的自己的家乡，要与自己的亲人团聚！

五万铁骑，就这么让刘琨手中的一支胡笳吹散了！胡笳退兵，好生铿锵！

我们可以想象，月光之下，秋风之中，一身白袍的刘琨屹立城楼，傲视群胡，何其清朗，何其飘逸，何其卓尔不凡！那又该是一幅何等美妙的中国画呵！我相信当时的他，一定是酷酷的，简直帅呆了。你去想象吧。脚下千军万马，跃跃欲试，一人独立城楼，孤城危在旦夕。此情此景，直让1700年后的我，心动不已，心向往之。

我们还可以想象，酷毙了也帅呆了的白袍文人刘琨，独立秋月之下，一支胡笳奏乡恋，而城外的万千军马，在呜呜咽咽的音乐里，一定是泪眼迷离的。否则，他们中任何一人发箭射去，都可能要了这位大音乐家的命！然而，音乐的魔力，竟会如此之大呵！

传奇吗？神话吗？不，这是正史，是确切的正史！胡笳惊退五万兵，千秋青史传美名。相比之下，孔明先生的空城计，自己只身登城楼弹琴，惊走曹军人马，却是真正的演义，史无记载。

1700年前，没有电，没有电声乐队，没有重低音响，也没有摇滚。如果有，如果刘琨在城楼上用重低音的音响来几首摇滚乐，说不定胡人胡马也会在城外广阔的大地上跳起迪士科呢。可惜没有。

刘琨被誉为千古第一奇人侠士，来于此役。

五、书香剑气真英雄

刘琨之奇，在于对音乐的高深造诣。此人擅长胡笳这种乐器，创造了《胡笳五弄》，流传广远。这《胡笳五弄》，分别名为《登陇》、《望秦》、《竹吟风》、《哀松露》、《悲汉月》。五首曲子，皆哀惋恸人，名垂青史。

刘琨之奇，还在于对诗词歌赋的深刻侵蚀。刘琨的诗，虽然远不如唐宋诗人的诗词那样家喻户晓，却真真切切刻画了文人才子的心境。

刘琨之诗，四首传存较广。请允许我全部录于此。

《重赠卢谌诗》

握中有玄璧。本自荆山璆。惟彼太公望。昔在渭滨叟。邓生何感激。千里来相求。白登幸曲逆。鸿门赖留侯。重耳任五贤。小白相射钩。苟能隆二伯。安问党与雠。中夜抚枕叹。相与数子游。吾衰久矣夫。何其不梦周。谁云圣达节。知命故不忧。宣尼悲获麟。西狩涕孔丘。功业未及建。夕阳忽西流。时哉不我与。去乎若云浮。朱实陨劲风。繁英落素秋。狭路倾华盖。骇驷摧双辀。何意百炼钢。化为绕指柔。

《答卢谌诗》

琨顿首。损示及诗。备辛酸之苦言。畅经通之远旨。执玩反复。不能释手。慨然以悲。欢然以喜。昔在少壮。未尝检括。远慕老庄之齐物。近嘉阮生之放旷。怪厚薄何从而生。哀乐何由而至。自顷辀张。困于逆乱。国破家亡。亲友雕残。块然独坐。则哀愤俱至。时复相与举觞对膝。破涕为笑。排终身之积惨。求数刻之暂欢。譬由疾疢弥年。而欲一丸销之。其可得乎。夫才生于世。世实须才。和氏之璧。焉得独曜于郢握。夜光之珠。何得专玩于随掌。天下之宝。固当与天下真之。但分析之日。不能不怅恨尔。然后知聃周之为虚诞。嗣宗之为妄愚于虞而知于秦。遇与不遇也。今君遇之矣。勖之而已。不复属意于文。二十余年矣。久废则无次。想必欲其一反。故称指送一篇。适足以彰来诗之益美耳。琨顿首顿首。

厄运初遘。阳爻在六。干象栋倾。坤仪舟覆。横厉纠纷。群妖竞逐。火燎神州。洪流华域。彼黍离离。彼稷育育。哀我皇晋。痛心在目。

天地无心。万物同涂。祸淫莫验。福善则虚。逆有全邑。义无完都。英蘂夏落。毒卉冬敷。如彼龟玉。韫椟毁诸。刍狗之谈。其最得乎。

咨余软弱。弗克负荷。愆衅仍彰。荣宠屡加。威之不建。祸延凶播。忠陨于国。孝愆于家。斯罪之积。如彼山河。斯衅之深。终莫能磨。

郁穆旧姻。嬿婉新婚。不虑其败。唯义是敦。裹粮携弱。匍匐星奔。未辍尔驾。已隳我门。二族偕覆。三孽并根。长惭旧孤。永负冤魂。

亭亭孤干。独生无伴。绿叶繁缛。柔条修罕。朝采尔实。夕捋尔竿。竿翠丰寻。逸珠盈椀。实消我忧。忧急用缓。逝将去矣。庭虚情满。

虚满伊何。兰桂移植。茂彼春林。瘁此秋棘。有鸟翻飞。不遑休息。匪桐不栖。匪竹不食。永戢东羽。翰抚西翼。我之敬之。废欢辍职。

音以赏奏。味以殊珍。文以明言。言以畅神。之子之往。四美不臻。澄醪覆觞。丝竹生尘。素卷莫启。幄无谈宾。既孤我德。又阙我邻。

光光叚生。出幽迁乔。资忠履信。武烈文昭。旌弓骍骍。舆马翘翘。乃奋长縻。是辔是镳。何以赠之。竭心公朝。何以叙怀。引领长谣。

《扶风歌》

南山石嵬嵬。松柏何离离。上枝拂青云。中心十数围。洛阳发中梁。松树窃自悲。斧锯截是松。松树东西摧。特作四轮车。载至洛阳宫。观者莫不叹。问是何山材。谁能刻镂此。公输与鲁班。被之用丹漆。熏用苏合香。本自南山松。今为宫殿梁。

《扶风歌》

朝发广莫门。暮宿丹水山。左手弯繁弱。右手挥龙渊。

顾瞻望宫阙。俯仰御飞轩。据鞍长叹息。泪下如流泉。系马长松下。废鞍高岳头。烈烈悲风起。泠泠涧水流。挥手长相谢。哽咽不能言。浮云为我结。归鸟为我旋。去家日已远。安知存与亡。慷慨穷林中。抱膝独摧藏。麋鹿游我前。猿猴戏我侧。资粮既乏尽。薇蕨安可食。揽辔命徒侣。吟啸绝岩中。君子道微矣。夫子故有穷。惟昔李骞期。寄在匈奴庭。忠信反获罪。汉武不见明。我欲竟此曲。此曲悲且长。弃置勿重陈。重陈令心伤。

刘琨之奇，更在于一个文人侠士的铮铮侠骨，耿耿忠心。四方强敌，皇室飘零，人心向背，莫衷一是。晋室还有几个忠臣良将？正统中华的皇族还能苟活几日？那时的人们是心知肚明的，以刘琨之聪慧，又岂能不知不明？然而，刘琨有一颗赤诚的心，忠贞不二。胡人利诱，胡人威逼，不为之动。我以为，文人是要有些侠气的，书香剑气，方可以忠肝义胆。柔弱而无侠的文人，在气节上总会稍差一筹。

书香剑气，才是真正的英雄本色。

六、常使看客泪沾裳

曾经如此辉煌的刘琨，曾经酷酷的刘琨，曾经帅呆了的刘琨，到最后仍不免壮志未酬身先死的结局。他来太原，经略北方，一共只有十一年的时间，大好英雄，人亡家破，功败垂成，令人扼腕。事情是这样发生的。

公元318年，也就是刘琨驻守太原的第十一年。此时，西晋刚亡，东晋初生。刘琨兵败，山穷水尽，只好带着子侄和数名亲信，前往投奔幽州刺史段匹磾。段匹磾与刘琨，同为驻守北方的高级将领，又同样坚定不移地忠于晋室，依理是可信可倚的。然而，天下方乱，群雄并起，你死我活，谁又敢信谁？虽然段刺史一开始对刘琨是礼遇有加的，但是，段大人的弟弟对老兄说了几句话，改变了刘琨的命运。他悄悄地对兄长说：“我们兄弟都是胡人，晋人能用我们，是因为我们人多势众。现在我们内部也有了矛盾，而刘琨又大名鼎鼎，颇有奇智，如果他带人图谋我们，我们全家就玩完了！”听了此言，与刘琨一样忠于晋室的段匹磾，突然下了决心，派人缢杀了大英雄刘琨。临死之前，刘琨作了一首诗，这就是我在前面引用过的《重赠卢谌诗》。

英雄末路时，看客泪满襟。

文人侠士，有如一柄轻灵的宝剑，且轻且利，且刚且柔，锋芒夺人心魄，轻灵夺人心魂。大厦将倾时挺身而出，出奇制胜，才智足矣。然而，文人侠士，毕竟不能成一柄无锋的重剑。长久的经营，稳健的策划，不息的追求，也许并非所长，至少刘琨如此。刘琨以千古第一奇士而成名太原，得益于文心侠气；刘琨以千古第一奇士而身败太原，也归罪于文心侠义。

管理无方，是他骤起骤落的第一个原因。充溢的激情可以令他一呼百拥，短缺的理性也让他众离亲叛。初到太原，刘琨振臂一呼，从者百千。这些饥民、流民来了之后，刘琨却不知道如何处置安排，既不与之土地耕作，亦不会分与屋室与之居住，更难得细作分工，让他们可以享受到再就业的温暖。从者莫知其作为，刘大奇士也似乎不理会这些区区小事。然而，饥民们相随他，总是要解决生活与生存的呵，无事可做，无田可种，无米可炊，那么咱只好离去，每天听他的胡笳，虽然悦耳，却不能饱肚子呵！于是，史书记载刘琨：日日来追随的人数千，日日离他而去的人也数千！管理无方，再大的一个公司，也会破产的。

普通人身败，不会身死，尚有卷土重来之日。英雄身败，必会身死，哪有重来之日？项羽力敌万人，也还会身败而死呵，何况刘琨。越在高位的人，越不能经历失败，因为败就是死，古今莫能免之。

刘琨之败，还在于文人的浪漫甚至放荡。文人的浪漫，可以让他出奇制胜，文人的放荡，却让他步入雷池。初到太原，他以一个文人的胡笳惊退五万胡兵，真的是天真的可以，浪漫的可以。设想胡人若是不听他那一套，太原早就破了，这一战，实在是有些“机会主义”呵。有了这样胜利的资本，刘琨文人奇士的放荡，更加张扬起来。有一次胡人围攻并州，兵临城下，形势危急。左右劝他火速安排抗敌，刘琨自以为大将风度，还在自己的客厅里大宴朋友，听音乐，看舞蹈，好不风流，结果大败了一回。当时并州正乱，刚刚建立的胡人汉国，与并州不过百里，胡兵可以朝发夕至。然而，这样的环境下，刘琨仍然天天听音乐。唉，如此放纵声色，怎么能不战败呢？

刘琨之败，还在于识人用人的严重失误。大概大文人总不如大流氓会用人。你看刘邦这样的人，多么会用人。刘琨就不如自己的这位祖先。当时有位河南来的音乐家，名徐润，投奔刘琨后，刘琨十分喜欢，将一个只会玩音乐的人，任命为晋阳令，掌握一切大权。结果，这位音乐家贪财好色，坏事做尽。刘琨的母亲对儿子语重心长地说：“你任用这样的人当晋阳令，会害死我们的。”老母亲的话，果被应验。正是在这位音乐家当太原令期间，胡人偷袭太原成功，杀死了刘琨的父母和家人。幸好刘琨不在，否则早就死了。

刘琨之败，更在心胸狭窄。不错，刘琨有一颗滚烫的忠心，有一腔高涨的热情，但是，他的胸怀，似乎还是不能承载他所担负的使命。有人说过，一个人的胸怀有多大，他的事业就有多大。刘琨与王浚，同为晋室的北方高级将领，却不能互相配合。当胡人石勒用一点并不高明的计谋离间时，刘琨便坐观石勒消灭王凌，非但不救，反而窃喜，全忘了唇亡齿寒的道理，让当时并不强大的石勒有了各个击破的机会。唉！

七、千古文人侠士梦

整整1700年，无数的烟尘，已经淹没了曾经的历史，只有龙城太原，依然屹立不倒。真的是青山依旧在，几度夕阳红。而每每品味曾经的历史，却总能让人感慨万千。刘琨，是一个让人可以品味千百年的人。

文人侠士，卓越之处在于一腔激情，可以力敌万众，勇往直前，不归不返，不屈不挠。而太多的激情，也会减低了他们理智的情商，在关键时刻败北下来，

误了帝王事，害了自家命。

刘琨死后，唐人多有诗寄怀。

李白有诗——

刘琨与祖逖，起舞鸡鸣晨。

刘琨死后，宋人多有诗寄怀。

陆游有诗《夜归偶怀》——

买醉村场半夜归，西山落月照柴扉。
刘琨死后无奇士，独听荒鸡泪满衣。

文天祥亦有诗——

廖阳殿上步黄金，一落颠崖地狱深。
苏武廖中偏喜卧，刘琨囚里不妨吟。

生前已见夜叉面，死去只因菩萨心。
万里风沙知已尽，谁人会得广陵音。

李清照有诗——

南渡衣冠少王导，北来消息欠刘琨。

刘琨死后，元代也多有诗寄怀。

元好问有诗——

可惜并州刘越石，不教横槊建安中。

想想陆游和文天祥，与刘琨是颇有同样经历，同样心情，同样环境的。他们以这么多的同样来写刘琨，似乎也在写着自己。千古以来，文人，真正文人侠士的背后，总是一样的寂寞，一样的悲凉。

千古文人侠士梦，千古文人总寂寥！

八、板荡何处觅忠良

2007年的新年已经来到了，龙城的第一场降雪，来的正是时候。开着车，携着好友，游着黑夜中的龙城，也许，春天已经不远了。

我个人以为，晋末南北朝至隋之初，是中国历史上一个巨大的分水岭。中华正统的文化，正是在这以后被颠覆的。两晋十六国之前，春秋大义，何其伟岸，忠就是忠，绝不可以贰之。文人侠士也好，武夫猛将也好，忠一君事一国，叛之甚少，即便到了穷途末路，往往也会选择举家自尽，以殉其节。以生命维护节操，以生命相殉节操，一次次在此之前，将春秋大义高扬得如火如荼。那时候的英雄为了节操，是要视死如归的。而两晋十六国之后，春秋大义，似乎不断地沿着一条下坡路走向深渊，什么识时务者为俊杰之类的辩护辞，一天比一天的多了起来，这以后的英雄，是可以识时务而为俊杰的。即便是瓦岗上的英雄们，也会去投唐，去降王世充，去做自己要做的变节选择。瓦岗一炷香，没有烧到头。而隋唐之后，节义忠贞，已是越来越少。忠义节操，由此而不再那么让人崇尚和执著了。

另一个更大的变化，是中国人的血液由此开始冷却，人性开始疲软，不再刚烈，不再拔剑而起。也许是成熟了，也许是世故了，也许是明哲保身了。在此之前，多的是明知不可为而为之的英雄侠士；在此之后，多的是见风使舵的屈膝臣子。抵抗、反抗、奋击，在中国人的血液和性格中，成了一只软柿子。一场空前的劫乱，五胡乱中华，乱了中华人的春秋大义，乱了中华人的铮铮铁骨，乱了视荣誉胜于生命的价值观，可悲可叹。我读史至此，总会为之慨叹不已，郁闷不已！

刘琨生于多事之秋，动荡之局，守太原也就是十一年的时间。他仍然传承了太多的春秋大义，传载了太多的刚烈不屈。也许，只有这样的时候，才有刘琨。刘琨在这样的时候，与众多的同时代英雄一样，几乎成为中华好男儿最后的挽歌！

晋朝如中国历史上的一道流星，短暂却光辉。短暂的是时间，光辉的是文章和英豪。刘琨也是西晋末年的一道流星，短暂而光彩夺人。

公元2007年，正是今年。今年是大英雄、大文人、大音乐家、大奇士刘琨始入太原整整1700周年。1700年前的太原，刀光血影，争战不休，惶惶不安；1700年后的太原，歌舞升平，云淡风清，构建和谐。和平安宁的日子里，多想想那些曾经的艰难，想想那些曾经绝地反击的侠士，未尝不是一件好事呵！一个民族曾经四分五裂的伤疤，一个英雄曾经泣血浴泪的故事，一个城廓曾经凄风苦雨的日子，最好不要忘记。

谁敢忘记过去，谁将重演过去。

拜托，请记住，别忘却！

王勃：只影向谁去

——唐初不得意的才子

一

这是个喧闹的城市。热闹的鼓点，不知为了庆贺什么，从早晨一直敲到黄昏，不知疲惫，却让我疲惫不堪。喧闹的鼓点中，我在想一个遥远的名字——王勃。

从我到山西工作的那一天起，我就想去寻访王勃故里，去看一看这位英年早逝的才子故乡，去寻找一份文人的灵感，去寄托一种文人的惋惜。在三晋大地群星璀璨的历代名人中，王勃，一直是我心中的一面鼓，时不时会响起来，让我怦然心动。

由太原到王勃故里并不遥远，由21世纪上朔初唐，却跨越了一千五百年。史载王勃故里为龙门县通化镇。后来行政区划变更，通化镇划给了万荣县，龙门县也被河津市取代，只剩下一个龙门村的名字仍然存在。龙门村，我以前是去过的，太多的小型企业和农家别墅，已经让村庄太快的现代化了。这一次，我直奔通化。初秋懒懒的斜阳里，通化镇青砖青瓦，干干净净，小街上行人不急不躁，宁静，而且有几分安详，一切都享受着北方略带凉意的秋日阳光。千年前的王勃，是不是也在这懒懒的阳光中长大，也在这宁静的小街闲逛，也在这青砖青瓦下诵经习文？龙蛇起于大泽，英雄出自草莽，文人是不是多出自宁静中？信步闲逛，一处大瓦房的门联，让我心中一动："海内存知己，天涯若比邻。"这是王勃的名句。入屋，又是一联："落霞与孤鹜齐飞，秋水共长天一色。"又是王勃的名句。小镇的今人，无不以他的前人为荣着。王勃，至少在你的故里，你依然活着。

二

孕育了大唐三百年基业的三晋大地，那时候应该是山清水秀，钱丰粮足的，不像现在这样烟尘遮日，污染重重。蓝天碧水和衣食无忧，是适合王勃去读书的。不错，少年的王勃是幸福的。他的祖父王通，是隋末名儒，如何有名？唐皇李世民有两位名臣，地球人都知道，一是房玄龄，二是魏征。王通做过这两人的老师，为他们"亲授其业"，终成大唐三百年基业。有了这层关系这份名望，王父也做了朝廷命官。王勃，既是富家子弟，亦是官宦公子。聪慧，富足，无忧，是他少年的快乐，也潜伏了他青年的悲哀。

因为祖父是隋末的达官名儒，良田广袤，华屋连绵。所以，王勃的少年，是无忧无虑的。他，就在自家阔大的庭院深处生长、游走。他接触的，要么是书典，要么是家仆。书是他的所爱，仆是他的依赖。山西人，比任何一个省份的人都喜欢建大院子，筑高围墙，这样下来，子女们可以生活在一个高墙大院的安全环境。安全自然是安全了，却也像小宠物一样，被圈养起来，墙外刮什么风，下什么雨，世态有多险，人心有多奸，大致不知。而一旦将圈养的宠物放进林子，便没有办法适应环境和生存的竞争。这样圈养着，长大就成了公子哥儿。这样的公子哥儿，是绝难看别人脸色行事的，也是绝难与共事的朋友们相处融洽的。很简单，在自己的环境里，他一直是老大，就没有受过气，就没有明白怎么可以不受气。于是，一旦出了笼子，小有竞争，必败；小有挫折，必挫；小有风浪，必失。千古以来，圈养的公子哥们，谁不如此！哪怕你是天纵英才的王勃，也无可奈何！太过优越的环境，已经注定他一生多难的命运。

隋末唐初，英豪辈出，那是个令人热血滚涌的时代，是个令多少青年英雄心向往之的时代。仗剑而行，破敌立功，封王封侯，几多少年成就了一世英名！王勃也怀着这样的冲天豪情。不幸的是，其生也晚。他生于唐高宗永徽元年，即公元650年。王勃呱呱落地之时，天下方定，战乱方止，铁马金戈渐渐远去，贞观之治已经成功，他的冲天豪情没了用武之地，只能去一次次力透纸背，作慷慨之歌，赋豪壮之诗，写宏阔之文，因此也很快的成了名。王勃少年的名望，大抵绝不低于今日的万荣县的名望。本世纪以来，万荣人编出的《万荣笑话集》，流传广泛，几乎是老少皆知。那时候王勃的才名，也该是如此。千余年前大雅的王勃，与千余年后大俗的《万荣笑话》，同样的名满四海。历史和时代，真的厚爱万荣这片土地。

三

当王勃走出故里，要找一官半职时，中唐的官员已经极多。隋朝首开科举，唐朝李世民又将科举制发扬光大。作好诗，写好文学，均可入仕为官。中国官僚体系，举世无双。唐也是，官多，有才的人就难得一官半职。官多，就会更加重用庸才蠢才。你想想，有几位长官会提升胜过自己的下级？他们更愿意挑选比自己更笨的人，以张显自己的高明。

木秀于林，风必摧之。这好像是庄子的一句话。隽秀的王勃，在庄子的话中，开始命运的轮回，却始终不能凤凰涅槃。是命运？还是性格？说不清也道不明。

十来岁而已名满天下的王勃，对以文成名颇为不屑，屡次希望投身军中，听金戈铁马之声，经朔风狂沙之浴。然而，四方安定，歌舞升平，他，投军无门，立功不能，却得到了沛王李贤的喜爱和赏识。沛王闻其才名，聘请他到府中任修撰，也就是当沛王的文字秘书，相当于沛王府研究室主任。

当是之时也，民生已经安定，天下正将繁荣，高宗李治，大抵也坐稳了江山。诸王无须兴兵征讨，闲在京城长安也很无聊的。吃饱喝足之后，无网可上，无电子游戏可打，无电影电视可看，无赛车赛球可观，无俗而有趣的"超级女声"，无俗而无聊的"开心词典"，闲得无聊，斗斗鸡，成了几乎唯一的乐子。王勃也凑热闹，反正没有什么征伐之事可做，闲着也是闲着，干脆，为斗鸡写一战斗檄文吧。

于是，少年王勃一挥而就，发表了《檄英王鸡》。本该于万马军中传檄的文章，却只能于街头巷尾写写斗鸡。这本是一篇戏作，是凑热闹的玩意儿。然而，高宗李治看到此文，龙颜大怒。唐朝开国，诸王攻讦，是流了血的。太宗李世民经玄武门之变，杀兄斩弟才夺得皇位。到了高宗李治，也是经历艰险，才坐稳皇位的。小小王勃，竟敢以诸王斗鸡而传檄天下，岂不是又想挑起皇子争斗吗？一篇戏文，偏偏挑动了最敏感的神经，圣谕明示：逐王勃出沛王府。一个触怒了皇帝并受到处分的人，档案资料上肯定留下了污点，以后的路会是怎样，当可想而知。少年的王勃，离开万荣故里，这第一次做官，便遇到了当头一棒，仕途毁于一旦。

为此，少年的王勃是何等郁闷和不平！要知道，王勃从小学经世之术，不断上书自荐，15岁时，便上书右相刘祥道评论时政。结果，来之不易的一个官位，因一篇戏文而化为乌有！郁闷的王勃著文发牢骚："天地不仁，造化无力……憔悴于圣明之代！"其实，这只能怪王勃自己。在与群雄周旋时，他不会长袖善舞，又没有纵横捭阖之能，所以，笑到最后的，不可能是他。

四

经天纬地的梦想破灭了。那只好去游山玩水，好在家里有钱。不做官，便做一个旅行家。17岁的王勃，只有这个选择。王勃宽袍大袖的出了长安，去喝酒，去写诗，去传说中剑仙倍出的蜀山，去作无目的的游玩。山中日月长，整整三年，他的孤寂，有谁知道?

蜀中玩得虽然痛快，毕竟难遂平生愿望。王勃还是想入仕的。好像在我印象中，北方民族，尤其是山西这块土地，入仕为官是十分风行的。回到京城长安后，王勃稍事休息，设法到虢州做参军，相当于现在军分区的参谋干事之类，属于幕僚人员。

复出的王勃傲然着。恃才傲然，是才子的通病，也是公子哥们的专利。傲然复出的公子哥，遭遇挫折，几乎在意料之中。然而王勃不知。

首先是虢州衙门里，谋士颇多，各个倚才自负。文人相轻，本就难处。王勃与同事们的关系，实在不怎么样，大伙儿没人说他好话，也没什么人与他合作。他呢，因为出自名门，又颇有才名，又独自游玩了几年，也懒得理别人。于是乎，同僚关系很僵，进出竟无一人相伴。与大伙关系不好也不要紧，只要别出错。然而，差错偏偏发生了。

当时有官奴曹达犯了死罪，王勃不知为什么却把他藏到自己府内。后来他又害怕此事泄露出去，就私下把曹达杀了。事情很快被发现，王勃被判死刑而入狱。后又巧遇大赦，免除了死刑。但王勃的父亲却因此事而从雍州司户参军的位置上被贬为交趾令。至于王勃擅杀官奴的具体情况，史无详载，是非莫辨。

史官们提起王勃这件事，总以“是非莫辨”作结。我以为，妙就妙在“是非莫辨”四字，颇似春秋写法。漫说是没有是非，即使有，凭王勃这样的公子加才子，他也很难辩，无力辩，这就是“莫辨”了。记得明朝开国皇帝朱元璋坐稳江山之后，联想自己的出身，看看自己的子孙们，担忧这些圈养的孩子们不能担当大任，用整整六年时间，七次删改，写成《皇明祖训》，留给子孙。开篇即说：“你们生长在深宫大院之中，不知世故。而我幼而孤贫……人情世故，人之性伪，我深知之……”这位皇帝老儿，是深知子孙之短的。他的子孙之短，正如唐时王勃之短。

不过，王勃没有像第一次废官后那样寄情于山川烟霞，而是更珍惜这劫后余生，扬其所长。“富贵比于浮云，光阴逾于尺璧。著撰之志，自此居多。……在乎辞翰，倍所用心。”第二年朝廷虽恢复王勃原职，但他决计弃官为民而不就任。在短短的一年多时间里，王勃完成了祖父王通《续书》所阙十六篇的补阙，刊成二十五卷。撰写了《周易发挥》五卷、《唐家千岁历》、《合论》十篇、《百里昌言》十八篇等，同时还创作了大量诗文作品。这是王勃一生中创作最丰富的时期。

五

上元二年（675）春天，王勃从老家南下，前往交趾看望父亲。一路经洛阳、扬州、江宁，九月初到了洪州（南昌)。正值重阳佳节，都督阎伯屿新修的滕王阁落成，阎大人便在滕王阁上大宴宾朋。王勃前来拜访，阎知其名，邀之赴宴，说是要请江南才子，为滕王阁作序。

被请的才子们知阎公之婿前一天晚上就撰好了序文，想在今日众人面前夸耀一番的。阎爱婿，亦如爱子。因此，众才子深会其意，不敢造次，只等酒酣热耳之时，拜读阎公之婿的大作了。酒过数巡，阎公邀众才子作滕王阁序文，众才子知趣，纷纷谦让。

然而，年轻的王勃也许并不知情。即使知情，以他的性格，也不会仰奉。于是，他不管这些，放下酒杯，直趋案前，展开纸砚。阎都督大为不悦，退而更衣。王勃好像没有看到阎公不悦，豪饮几杯，执笔作文，一泻千里。小吏跑步向阎公报其所写诗文，开首写道："南昌故郡，洪都新府"，都督便说老生常谈，了无新意。片刻，小吏又报写到了"星分翼轸，地接衡庐"，都督沉吟不语。俄顷，小吏再报写出"物华天宝，龙光射斗牛之墟；人杰地灵，徐孺下陈蕃之榻"，都督大喜。再听到"落霞与孤鹜齐飞，秋水共长天一色"一联，阎公拍案而起，"此才子也，当不朽也!"

客观地说，阎伯屿这位都督大人，是位颇有胸襟的官员。历史不能复原，但历史可以假设。可以推想，阎伯屿既然已命女婿写好滕王阁序文，是早早安了心要让女婿一举成名的。这样的机会，岂能错过？更岂能让一个穷困潦倒的王勃抢去了风头？这下岂不让自己长久的谋划，一腔的心血，化作了他人嫁衣？如此推想下去，阎大人是可以作一种选择的：毁了王勃的文章，反正那时候又没有摄影机、照相机、录音机留下什么证据，尽管毁之可矣，然后拿出女婿的文章，众人吃了我的，喝了我的，甚至拿了我的红包，还怕他不拍手称好？果若如此，王勃的《滕王阁序》，可能就会如泥牛入长江，永世无消息了。当今之世，这样欺世盗名、甚至拿他人之作著自己之名的所谓学者还少么？然而，阎大人没有，没有这种卑劣的小人之心和小人之为，他选择了对王勃才华的心悦诚服，选择了让王勃的佳作流传万古。王勃一生多遇不顺，却总在关键时遇到真正的大人。正是这些人让王勃名垂千古。相形之下，世风真的日下了。呜呼！

与王勃的狷狂相比，阎伯屿的表现令人称道。王勃掷笔而去，众人却发现结尾的诗中，空了一字。到底是何字？众人猜测颇多，那一句是“槛外长江□自流。”有人猜独字，有人猜水字，莫衷一是，均又感到不甚达意。王勃如此而去，自然是狷狂本性。他，就是想留下一个悬念，就像教书先生给他令人不屑一顾的学生出一道考题，然后不管不闻，自顾自地走了，看你到底有何本事？这实在是一种炫耀。对王勃行为的心态，阎伯屿怎能不知？以他多年的官场生涯，一看就明白王勃这小子想干什么。但是，阎大人礼贤下士，不与这个轻狂少年计较，很认真、也很谦虚地派人追赶，千金索他一字。历史故事，是这样描述的——

众人敬羡之际，王勃起身告辞，飘然而去。此时，阎都督发现结尾诗的末句空留一字未写，众才子见是“槛外长江□自流”。于是，有猜“独”的，有猜“船”的，有猜“水”的。阎都督均不满意，吩咐下人快马追赶王勃，以千金而求一字。待下人几经奔波，从王勃那里得字而回时，都督满心喜悦，问道：“究竟何字？”下人答道：“字已写在我手心，大人请看。”谁料想，下人在都督面前伸开手掌，竟空空如也。“千金难买一字啊！”都督正在感叹，猛一想，莫非是一“空”字？“阁中帝子今何在，槛外长江空自流。”好一个“空”字！万千感慨，尽在一字之上。众才子无不称奇。遥想当年，王勃在滕王阁上笔走蛇龙，挥洒自如，出神入化，是何等的风流倜傥，又是何等的洒脱狂放。王勃绝没有像如今的某些“大师”、“泰斗”之流，枉担了“初唐四杰”的虚名。

我来此地，已是深秋。秋阳高照，滕王阁伫立着，巍峨的影子，是他永远的知音。王勃，阁楼上的酒杯里，是否还有你残留的玉液琼浆？大江下的扁舟中，是否还有你远去的孤帆只影？王勃的生命似乎不是用来长寿的，也不是用来享受的。他因使命而来，他的使命就在滕王阁，就在《滕王阁序》；他因无奈而去，宏文已成，夫复何求？“苟全性命于乱世”，只是前人说说而已的。

六

离开南昌，王勃继续南行。于十一月到达岭南都督府的所在地南海。第二年秋，由广州上船，渡海赴交趾。

至此，王勃的命运，可想而知。他不断地南行，实在是完全地放逐自己。一个背负了俗世雄心的英俊才子，在一次次失意后，又能做什么呢？也许有达官贵人因他的才名而邀他出任秘书，他不耻为之；也许有王公贵族因他的文名而邀他出任编撰，他不屑为之。他想要做的是房玄龄、是魏征那样的大臣大将，而初唐四方平定，鸟尽弓藏，时不予兮，你又奈何？此情此景，王勃的理想，颇像堂吉诃德的幻想。

文人，很少能够去选择自己的命运，他们总是被命运选择着，捉弄着。性格也罢，才能也罢，在命运的选择面前，又有多少作用?！你能说千年来那些身居高位的大奸大恶，就有什么仁侠之心么？你能说千年来身居了高位的那些大庸大俗就有什么才能么？是命运选择了他们，就像命运的鲜花偏偏选择一堆牛粪！而王勃，虽然是块沃土，选择他的却是杂草丛生！

不能或者能够被命运选择，文人就成了幸运儿或者落魄者。我以为，文人的命运和才智，是在被命运选择之后，才会作出不同的迸发的。柳永如果入相，也许不会有那么多烟花柳巷的浅吟低唱，也许就再没有“执手相看泪眼，竟无语凝咽”的凄惋哀恸。诸葛亮如果沦落江湖，也许就只有“大梦谁先觉，平生我自知”的自怜自顾。正因为命运选择他的出将入相，他的狂傲与放荡才收拾起来，藏进了宽袍大袖，他的中正与干练才如旭日喷涌而出，一个文人在自己的屁股指挥下成了干材。反过来，正因为命运选择了他的江湖飘零，他的中正与干练才隐藏起来，埋在了胸中腹里，他的文思与才气才如狂风怒号，一个文人在自己的身世指挥下成了奇才。人多说性格决定了命运，为何不说命运也改变了性格?！王勃，这个在圈养中长大的贵族武文人，就是在飘零的命运中成就了更加的狂傲与孤寂，在一个个傲而寂的日子里，积淀了冲天的文采。他的前人有魏晋的“竹林七贤”，他的同时代人有初唐的另外三大才子，他的后人有宋时的柳永。多乎哉，多矣！

出将入相的文人，一旦成功立业，他们的功业快慰了那个年代的帝王民众；失意落泊的文人，一旦冷清孤寂，他的华章传颂了以后时代的千秋万代。后者，是用一生的悲歌，一次又一次抚慰着我们的先人，抚慰着我们以及我们的后代的心灵，而堆积成璀璨的中华大文化。为此，与其感谢他们，不如感谢他们的命运！

当所有的欲望都完全满足时，一个民族的文明就开始沉睡了；当所有的命运都完全顺风时，一个民族的心灵就开始迟钝了。无论何时，一个民族最优美的歌谣，都是那些最苦难的心灵之弦的颤音，是那些最颠簸的命运之神的呼号。也许，没有诗人的民族是幸运的，因为这民族没有苦难，没有风雨，只有云淡风清。但是，经历了风雨而诗人辈出的民族，则是伟岸的，他会令所有的云淡风清者永远仰视，膜拜！

七

那年的夏天，我从广西的平祥出发，入越南，到那些蓝得让人眩晕的海域。这就是传说中王勃遭遇风浪的海域。

公元649年，失意至极的王勃，在远比今日的中国版图更为辽阔的大唐土地上，几乎无了立足之地。于是，他，八尺之躯的男儿，只好千里迢迢去投靠自己的父亲。毕竟，当一个男人落泊的时候，最不弃的也只有你的至亲之人了。那时候，王勃的老父，正在越南。当然，王老先生不是出使越南，而是出任越南——交趾县，大唐下属的一个县。王老先生时任交趾县的县令，就是如今的县委书记。无奈的王勃，只剩下这一条路——到父亲的羽翼之下，也许能有一份可以打发时光的差事，也许可以供养自己年老的父亲，也许可以修复自己受伤的心灵，也许，也许……于是，王勃从南海——今日的广州，登上了木质的龙舟，经沧海，踏碧波，向往着遥远的交趾。大唐，越南是极远极荒之地，远离都城，远离帝王，远离了那个时代的文明，是许多人不愿去也不敢想的地方呵！然而，王勃已无选择。就是这样一个荒凉的偏远之地，也让他心向往之。只有到了那儿，他，也许才有一片栖息之地。鸟儿已经倦了，心儿已经伤了，神儿已经没了，只有一千个一万个的念头——去休息，去得片刻的安宁！

然而，命运却不能给他一个安宁的所在。也许没有那场风暴，也许没有那次沉船，王勃一定会活着，也一定会有命运的转折。然而，那场风暴，却偏偏让他的命运戛然而止！他，死于风暴的海上，死于投父的途中。王勃，成了一个永远的化石，定格了！天不假年，天妒英才！

我来到这片海域，阳光灿烂，风和气清。租一叶扁舟，任其游荡，没有目标。我用木桨翻开海浪的皱褶，像翻开千年的书卷，想在幽暗的海底寻找王勃的影子，他无影。我用心灵聆听海潮的唉息，像聆听远古的钟声，想在宁静的海底搜寻他的声音，他无声。

王勃，尽管层层海浪覆盖了你，可是，你的影子你的声音却穿越了一千五百年的时空，在每一个你以后的年轮里一次次复制，一遍遍让后人解读。因为你是王勃，因为中国，因为世界，也只有一个王勃。历史不会湮没你的文才命运，只会如浪淘击石，一次次将你打磨得更加晶亮，更加完美，更加诱人心魂。

秋水长天，万载浑然一色；孤鹜落霞，千年形影相吊。凄美的故事，总是生命泣血的歌谣，总是文人命运的悲哀。

只影向谁去？几番寒暑，几度春秋！

东出长安向虎狼

——晚唐之乱与颜真卿生命的最后一年

东出长安，颜真卿几乎无人相送。苍苍白发，稀稀胡须，昏昏残阳，寥寥车马，很有点断肠人走天涯的感觉。

回眸长安，年过七旬的颜真卿，几乎无话可说。城墙已经在一次次战火中破旧了，城门已经在一次次厮杀后斑驳了，旌旗暗淡，守兵老迈，长安已经疲惫不堪!

长安，此番东行，我还能回来么？颜真卿的心中，已经知道了他的结局。

东出长安，他是无奈的，也是义无反顾的。

一、白发出长安

颜真卿出长安之时，年已73岁（公元783年)。这一年，风雨后的大唐朝，又一次陷入新的风雨之中。

——大唐王朝一度视为砥柱的淮西节度使李希烈突然反叛了！消息传来，满朝震动。

于是，朝廷中人，想到了颜真卿，想到了那个名满天下，又刚直不二的颜真卿。

颜真卿进入唐朝高层的视野，不是因为他有什么秘书出身，不是因为他从什么达官家人出身，也不是因为他从什么派什么系出身。而是由于他的忠直，由于他的能干，由于他的不同凡响。封建王朝有许多数不尽的毛病，但却有时也会量才适用，不像现在，许许多多无尺寸之功，无毫厘之能的人，完全因了一个偶然的原因，就可飞黄腾达！

颜真卿，地球人都知道的是，他是唐代大臣、书法家，天下行书第二。除此之外，知道他的其他事情的人，也许并不太多。此人字清臣，琅琊孝悌里（今临沂市费县）人。其曾祖、祖父、父亲都工篆隶，母亲殷氏亦长于书法。开元（713−741）年间中举进士，登甲科，曾4次被任命为监察御史，迁殿中侍御史。在小小的职位上，颜真卿敢于与当时的宰相们相争，因此受到当时的权臣杨国忠排斥。天宝十二年，大人物们将其贬黜到平原（今属山东）任太守。人称颜平原。

如果没有一场大变局，如果没有大唐朝的生死之难，颜真卿的一生，也许会在平原这么个小地方，写写字，喝喝酒，一生也会快乐无比的。然而，大变局开始了！

两年后，天宝十四年（755年），平卢、范阳、河东三镇节度使安禄山发动叛乱，渔阳起鼙鼓，铁骑正南侵，河北各县，无一相抗。长安城中，唐玄宗只能长叹：“河北二十四郡，难道就没有一个有用的忠臣吗？”

正在此时，有一个书生，挺身而出了，他就是颜真卿。

颜真卿，时年四十六岁。危急之中，他联络从兄颜杲卿，一同起兵抵抗安禄山叛军。附近十七郡得知有人出头，纷纷相应，并同推颜真卿为盟主，合兵二十万，使安禄山不敢急攻潼关。军情报到朝廷，唐玄宗大喜过望，问：“朕一直不知道平原太守是什么人，现在我终于知道了！”

四十六岁的颜真卿，从此进入了唐朝高层的视野。

进入了高层的视野，高层就会命人考察。结果让天子更加高兴。这个颜真卿，很有政治上的预感。安禄山没反之时，他就已经感觉到了问题，命人高筑城墙，招集兵丁，积极备战。平原郡，本来是安禄山的辖区，结果，安禄山造反，他的辖区中的平原，却成了一道让他久久不能攻克的难关。看来，颜真卿真的有几下子哦。

颜真卿，用现在流行的话说，是干出来的干部！干出来的干部，与送出来的干部和拔出来的干部，无论人品，无论才能，那就是不一样！

战乱之中，颜真卿以不同凡响的作为，得到了重用。此时，唐玄宗之子李亨已经当了皇帝，号肃宗。新皇帝命颜真卿为工部尚书兼御史大夫，领河北招讨史的职务。颜真卿一下到了部长级的位置。

五十四岁时（公元762年），颜真卿历经起落之后，上任尚书右丞，相当于副总理级了。两年后封为鲁郡公。公元766年，正直的他又受到打击，直到多年之后，他才重新入朝，上任吏部尚书，相当于中组部部长，兼太子太师。

因为正直，因为不阿，颜真卿总是与一些人不和。当然，他也总是受到所到之处的民众喜爱。没有办法，历史上，凡是民众喜爱的干部，都是权臣要陷害的干部；反是权臣陷害的干部，也几乎都是民众所喜爱的干部。两个凡是，好像有点绝对化哟？可是，历史就是如此，我也没有办法。

唐朝末年的皇帝，多短命，在位时间不长。哈哈，历朝末年，皇帝都不太长命的。规律如此。唐德宗元年时（公元780年），颜真卿七十一岁，已经是四朝元老了。人老了，性格没老，忠直没老。于是，受打击也没有变哦。当朝的那个宰相杨炎、卢杞，均与之侧目，必欲除之。可是，他们没有机会，因为颜真卿没什么错啊，没什么小辫子可以抓住。

奸人要害人，总会天天惦记着。中国人说了，不怕被贼偷，就怕被贼惦记着。颜真卿算是被贼惦记上了。

德宗元年，也就是刚才说过的公元780年，淮西节度使李希烈反叛，一时之间，兵势强大，朝廷难以抵挡。这时候，奸相卢杞，终于找到了处理颜真卿的机会：让他到叛军中去，如果能说动叛军放下武器，朝廷也省了许多心；如果说服不了，正好让叛军杀掉他！一箭双雕啊！

颜真卿晚年的命运，就这样被决定了。颜真卿晚年的悲壮，也这样被决定了。

二、大唐生死难

唐朝德宗时代，大唐朝经历着生死之乱。走过了初唐时代的蓬勃向上，走过了中唐时代的华丽无比，这时候，唐，已入暮年，只剩下了苟延残喘的那点儿力气。

唐朝的节度使，是历朝历代中最特别的东西。节度使相当于省级的辖区，节度使在自己的地盘上，有党政军民各种大权，完全就是地方上的皇帝。而且，节度使们在晚唐还提出要子承父位。子承父位之后，还不满足，他们想自己当皇帝。哎，谁让你大唐朝已经失去了往日的威严呢？失去威严的天子，谁还会敬重你?!

淮西节度使李希烈，何许人？李希烈，大唐燕州辽西人，原淮西节度使李忠臣的族侄。李忠臣贪财好色，民怨沸腾，李希烈一呼而起，将其逐出淮西。于是，李希烈得到了淮西节度使的位置。你看看，他得到节度使的位置，来得颇为不正。

唐德宗年间，实为多事之秋。大唐朝刚刚经历了安史之乱的大折腾，到了德宗手上，是应安稳几年了吧？可是，许多的原因，让这个曾经辉煌的王朝，无法重新振作。有了节度使安禄山的领先造反，以后的节度使们，纷纷效仿。公元781年，成德节度使李宝臣之子李惟岳、魏博节度使田悦勾结山南东道节度使梁崇义，三人一起兴兵，兵锋直指大唐。危急之下，大唐王朝命令淮西节度使李希烈前往讨伐。为了让李希烈出兵，唐德宗皇帝加封他为南平郡王，兼领汉南、汉北兵马招讨使。

别人造反，却给李希烈带来了意想不到的好处：汉水南北的大军，统归他管理，他的兵权，一下子大大扩充了。于是，这年六月，李希烈统帅大军进驻湖北随州。王师到达，百姓无不欢迎，随州百姓“井税鹑衣乐，壶浆鹤发迎”，场面真的好热闹。李希烈作战，确实有一些办法。在他的攻击之下，梁崇义企图突围南下江陵，遭唐军迎头痛击，大败而归乃收兵荆襄。李希烈从随州乘胜追击，一路击溃梁崇义部将的抵抗，直捣襄阳，梁崇义兵败自杀，割据荆、襄19年的局面方告结束。

建中三年（782年），大唐朝再次出现叛乱。唐德宗又想到了李希烈。其时，风雨中的唐朝，节度使们纷纷叛离，朝廷可以信任的，已经没有几个了。李希烈，就是朝廷还比较信任的一个。于是，大唐命李希烈兼任平卢、淄青节度使，奉命征讨割据淄青的李纳。结果，李希烈早存异志，他与李纳通谋，并与叛乱的河北藩镇朱滔、田悦等勾结，自称天下都元帅、建兴王，撕下了与唐王朝保持一致的最后面具。

建中四年〈公元783年〉，李希烈攻破河南汝州。叛军人多势众，大唐一时无人可敌。

这一年，颜真卿受命东出长安，直入敌营。

这一年，成为颜真卿生命中最后的时刻，成为颜真卿生命中最壮烈的一年。

三、只身陷敌营

离开长安，向东而行。颜真卿看到的，听到的，是河山破碎，是哀鸿遍野。近三十年的叛乱，已经让曾经繁华的大唐朝，彻底的伤了元气。这一路东行，老先生是一路哀叹一路走，一路的无可奈何！

他是怎么离开长安的？史书记载的并不多。司马光的《资治通鉴》上，是这样记载的：

上问计于卢杞，对曰："希烈年少骁将，恃功骄慢，将佐莫敢谏止。诚得儒雅重臣，奉宣圣泽，为陈逆顺祸福，希烈必革心悔过，可不劳军旅而服。颜真卿三朝旧臣，忠直刚决，名重海内，人所信服，真其人也！"上以为然。甲午，命真卿诣许州宣慰希烈。诏下，举朝失色。

渲炼真卿乘驿至东都，郑叔则曰："往必不免，宜少留，须后命。"真卿曰："君命也，将焉避之！"遂行。李勉表言："失一元老，为国家羞，请留之。"又使人邀真卿于道，不及。真卿与其子书，但敕以"奉家庙，抚诸孤"而已。

很显然，卢杞明知道李希烈一定会杀害颜真卿的，颜真卿也知道此去是一定会被杀害的。没有办法，国家有难，怎么能不去呢？书生的骨子里，是国士的气度和风范。

从长安到洛阳，从洛阳到许昌，颜真卿见到了李希烈。从这一天起，他陷入了敌营之中。

颜真卿来到敌营，所拥有的，是他的名满天下的书法，是他的名满天下的刚直，是他的名满天下的头衔。他时为吏部尚书，还是太子太师。王朝时代，这个职位，是很引人注目的，非有德者，不可以居之。

来到许昌，见到仍在名义上为大唐节度使的李希烈，颜真卿要宣读皇帝的圣旨。

"说吧！有什么就说什么！"李希烈对圣旨的态度，已极为傲慢。只是迫于颜真卿的名字太响亮，不得不给以一点点尊重。否则，他才懒得听什么圣旨呢！

沐浴燃香之后，颜真卿开始宣旨。飘飘白发，苍苍声音。

可是，颜真卿才念了几句，李希烈的兵将们，便一个个拔出刀来，将他团团围住，大声叫骂。

“什么狗屁圣旨！老子们早就不想当唐朝李家的官了！”有人这样骂。

“投降俺们吧，让你当个宰相，免得回去受奸相卢杞的窝囊气！”有人这样劝说。

颜真卿面不改色。

李希烈为一方霸主，养子就有千人。他的千名养子，一拥而上，将明晃晃的刀子架在颜真卿的脖子上，要他投降。颜真卿笑了笑，说：“这些东西，我见的多了！安禄山几十万大军围住我的时候，我都没有怕过，你这区区千人，我还会怕吗?!”

李希烈没办法，站起来，走到颜真卿的前面，用自己的身体挡住部下的刀枪，挥手让众人退下。看看，典型的一个做秀。他在想，俺老李，将来是要当皇帝的，残杀这样名满天下的人物，俺赔不起！

据司马光的记载：“希烈遽以身蔽之，麾众令退，馆真卿而礼之。希烈欲遣真卿还，会李元平在座，真卿责之，元平惭而起，以密启白希烈。希烈意遂变，留真卿不遣。”就是说，李希烈一开始，还是想放颜真卿回家的，这样的人物，他也留不起啊！可是，颜真卿太过刚直，连随同李希烈一起叛乱的李元平，也来了一个当面责骂。李元平是个比李希烈更加阴险的小人，让小人怀恨在心，他不报仇才怪呢。于是，李元平向李希烈说了些很要命的话，改变了李希烈的主意，让李希烈扣留下了他。

未必也真的是一个旁边人的主意改变了李希烈。李希烈兴兵谋反，当非等闲之辈。对李希烈来说，颜真卿的到来，是个机会啊！看看这个人，写字成了一代宗师，领兵对抗了安禄山，当官当到了副总理的位置，为人又正派，如果劝他与俺站在一起，或者真的当了俺将来的宰相，天下人因为他的名字，一定会有很多人会支持俺，至少也会同情俺啊！这张牌，俺得用！

李希烈也许还想到了，如果能达到这样的目的，一个颜真卿，是可以胜过十万甲兵的！

“好吧，先生这样堂堂正气，正是俺李某最佩服的人物！请先生住下，俺们慢慢商谈！”李希烈这样说。

从许昌天始，颜真卿成了李希烈军中的一名要客：好吃好喝好住着，就是不可以自由行动。军队到哪，李希烈到哪，颜真卿也得跟到哪。这，由不得你颜真卿！

四、忠义化雄关

身入敌营，颜真卿没有忘记使命。

那时候，东方叛乱的多个大将，决计推李希烈为皇帝，公然与大唐分立。

一日，叛乱的朱滔、王武俊、田悦、李纳四人，同时遣使者来见李希烈，并且送来了文书，自己称臣，劝李希烈进位皇帝。也许，这本来就是李希烈让他们这么做的。在淮西一带，势力最大的，也就算他李希烈了。

使者们到来之后，拜倒在李希烈面前，纷纷说：当今朝廷，奸人当道，有功之人，都被诛灭，这种朝廷，已失信于天下了。李希烈大人，您天生英武，功烈盖世，目前已被朝廷猜忌，视为眼中之钉，肉中之刺。如果不自立为皇帝，将来，一定会像汉朝的韩信那样，被莫名其妙地杀害的。我们愿意请您当皇帝，跟着你干。

来使如此热烈，正合李希烈的意思。他很得意，召来颜真卿，让他看看这些人，听听这些话。然后，他对颜真卿说："今天，四个王爷遣来使者，推我当皇帝，而且他们四人，不谋而同。颜太师，你看看这个架势，真的是众望所归啊！"

颜真卿很不以为然，他说："此乃四凶，何谓四王！你应当自保功业，为唐忠臣。如果与乱臣贼子相从，那是自己要与他们一同覆灭！"

李希烈十分不快，他扶着颜真卿走出大厅。

不几日，李希烈、颜真卿一起与四使者同宴。四个使者说："久闻颜太师您德高望重，今天李都统将称大号（当皇帝），而太师您正好也到了这儿，我们以为，这是上天安排您来当宰相的啊！"

颜真卿大声骂他们。他说："什么狗屁宰相！你们难道不知道那个大骂安禄山而被杀害的颜杲卿吗？他，就是我的兄长！我，年近八十，只知道守节操而死，不知道当什么官。我，岂会受你们这些小人的诱胁！"四使者听了，一个个不敢出声。

一心想当皇帝的李希烈，又怎么能就此罢休？他使甲士十人守真卿于馆舍，掘坎于庭，云欲坑之。真卿怡然，见希烈曰："死生已定，何必搞这么麻烦！你干脆给我一把剑，我自己抹脖子得了，让你看个高兴，看个满意！"李希烈无可奈何。

几天后，李希烈思来想去，还是想拉这位大人物给自己捧场子。于是，他让许多兵士，将木柴堆在颜真卿的住所之中，拉出老先生，对他说："你从不从我？如果从我，什么都好说。如果不从，我只好将你焚死！"说着就让人点燃了木柴。颜真卿这个倔老头，倒也倔的可以，他什么话都不说，起身跳进火中，一下子胡子眉毛烧去好多。李希烈的下属们看看此计不成，将老先生从火中拉了出来。

颜真卿如此忠义，倒真的让李希烈没有了办法。

也许，正是因为颜真卿的不屈不阿，李希烈叛军在长达一年多的时间内，一直在河南一带活动，既不能西进长安，又不能东向发展。颜真卿的忠义，是不是真的迟滞了叛军前行的时间？有可能吧。

五、王兮奈若何

颜真卿苦苦与叛军周旋，长安城中的大老板，也就是那会儿的皇帝，又在做什么呢？他是不是也在想着挽救他的江山？

颜真卿一生，伺候了四个皇帝，伺候了四个大老板。最后的这个大老板，就是唐朝的德宗皇帝李适。作为颜真卿最后的一个老板，唐朝德宗李适，远不如他的大臣那么坚定和执著。公元779年正月，李适以太子身分，柩前即位。从这一天开始，他在位整整26年。唐朝皇帝中，比他在位时间长的只有高宗和玄宗，太宗也不过在位23年。青少年时代的动荡生活使德宗深知安定的可贵。即位之初，为了实现自己的政治理想，他实施革新，果敢有为。但是，当改革遭遇挫折后，帝王的雄心消失殆尽，悲剧性的轮回开始上演。

这时候的德宗，正忙着四件事情。

第一件事情，是怀疑自己的大臣。即位之初，这位老板信任宰相，后来却对大臣百般猜忌，拒谏饰非、刚愎自用。他的朝廷，频频发生人事变动，尤其是频繁地更换宰相，使德宗在位时期的朝政，即使偶尔能够呈现令人鼓舞的新气象，也都不过是昙花一现而无法保持下去。人事纷争不已，如何救国兴邦？

第二件事情，是藩镇姑息。德宗即位之初，决意武力削藩。但是削藩运动受阻，他先是想利用藩镇打藩镇，结果导致了参与朝廷削藩战役的幽州节度使朱滔等人的不满。德宗遭受挫折，锐气大伤，开始任由藩镇们胡为，藩镇割据专横，遂成积重难返。

第三件事情，是重用太监。德宗即位之初，对内廷宦官“疏斥”，但经过逃亡避乱，德宗想，皇帝绝对不能没有自己的近卫亲军，而且这支近卫亲军交付朝廷官员不能使自己放心，由宦官掌领也就和自己亲领没有什么区别了。慢慢地，德宗开始将统领禁军的事宜交付窦文场和霍仙鸣等人。从此，神策军的统率权掌握在宦官手中。在贞元十一年（795）五月，德宗还将宦官任各地藩镇监军的办法固定下来，专门为担任监军使的宦官置印，不仅提高了监军的地位，也使之制度化。这一状况的最终形成，与德宗对宦官态度的改变有直接的关系。

第四件事情，是收罗金银钱财。即位初期，他十分节俭，禁止各地进献。而今天，天下危急之时，他转变为喜欢财物与大肆聚敛。他的某位宰相，因为拒绝来京城办事的官员的礼物，德宗还派人开导他，不要太过清廉，对人家的礼物一律拒绝是不通人情世故，像马鞭、鞋帽之类的小礼物，收受一点也无关紧要。德宗本人，则大肆聚敛钱财，珠玉金银，来者不拒；地方官员送的太少，他还不高兴呢。

大臣忘命于外，皇帝昏聩于内，国是，还有多少作为的？王兮王兮奈若何！

六、凛然赴一死

长安的唐朝皇帝急着收取钱财，淮西叛乱的李希烈则急着要做皇帝。公元784年，李希烈统兵攻入汴州（今河南开封），自称楚帝，年号武成。

此时，颜真卿自知必死，从容做好了各种准备。他给朝廷写好了遗表，又给自己写好了墓志和祭文。面对李希烈的叛军，颜真卿指着自己的住处说：“这就是我的葬身之地。”

李希烈称帝后的一年中，一直在走下坡路。朝廷让各路节度使围攻李希烈。各路节度使从自己的小算盘出发，决定出兵攻打。很简单哦，谁打下了地盘，谁就可以得到地盘。所以，他们向李希烈开始真的进攻了。李希烈难以抵挡，在河南境内四处奔忙。

公元785年8月，李希烈逃到河南蔡州，即今日河南省驻马店市汝南县。叛军在兴龙寺中驻扎，李希烈指使手下，将颜真卿用绳索杀害。此时，颜真卿76岁。这段历史，是《新唐书》中的《颜真卿传》所记载的。在河南民间，关于颜真卿之死，还有许多不同的说法。

我到河南的商丘时，这里的史学家告诉我，颜真卿从开封到商丘后，写下了大量的碑文，一些石碑，已成为国宝。

这儿的史学家还告诉我，颜真卿被李希烈的叛军一直带到了河南的驻马店一带。为了迫使颜真卿投降，李希烈的部下，先是拔光了颜真卿的牙齿，问他降不降？颜真卿满口鲜血，仍对叛军大骂不止。李希烈恼怒不已，又命人割掉颜真卿的舌头，再次问他降不降。颜真卿痛不可当，口不能言，仍然对叛军怒目而视。

这儿的史学家还告诉我，真到这时，李希烈最后决定，杀害颜真卿，泄心头之愤。于是，一代书法大师，一代名臣，在寺庙中被叛军缢杀了。

闻听颜真卿遇害，三军将士纷纷痛哭失声。

半年后，叛将李希烈被自己手下人所杀，叛乱平定。颜真卿的灵柩才得以护送回京，厚葬于京兆万年颜氏祖茔。德宗皇帝痛诏废朝五日，举国悼念。德宗亲颁诏文，追念颜真卿的一生是“才优匡国，忠至灭身，器质天资，公忠杰出，出入四朝，坚贞一志，拘胁累岁，死而不挠，稽其盛节，实谓犹生”。

欧阳修曾说："颜公书如忠臣烈士，道德君子，其端严尊重，人初见而畏之，然愈久而愈可爱也。其见宝于世者有必多，然虽多而不厌也。"

朱长文赞其书："点如坠石，画如夏云，钩如屈金，戈如发弩，纵横有象，低昂有志，自羲、献以来，未有如公者也。"

苏轼曾云："诗至于杜子美，文至于韩退之，画至于吴道子，书至于颜鲁公，而古今之变，天下之能事尽矣。"(《东坡题跋》)

《新唐书》如此评价："虽千五百年，其英烈言言，如严霜烈日，可畏而仰哉！"

七、长安不长安

颜真卿死了，李希烈也死了。长安的大唐朝，是不是安定下来、和谐下来了？没有。唐，以更快的速度和更悲剧化的情节，走向了他的末路。

一是宦官专横。德宗以后的唐朝皇帝当中，他的儿子顺宗、孙子宪宗以及后来的敬宗、文宗等都是死于宦官之手。宦官专权，为祸国家，成为唐晚期政治腐败和黑暗的重要原因。

二是藩镇割据。地方权力坐大，中央政府无法掌控，完全处于疯狂状态。由此之后，残唐之后的五代十国开始上演。那段历史，应当是中国历史上最无耻和最残酷的岁月之一。

地方大将们纷纷叛乱的时候，皇帝德宗，按道理是要认真想想如何救亡图存的。可是，他，以及他以后的几位晚唐皇帝，都不怎么着急国家的事情。就说这位德宗吧，一方面宦官专横，一方面藩镇割据，内忧外患之中，他忙乎的，是这样的一些事情——

一是收集财物。他喜欢钱财，到了痴迷的程度，经常主动要求地方官员向他进贡。这还不够，德宗还经常派中使宦官直接向政府各衙门以及地方公开索取，称为“宣索”。皇帝索要钱财，居然还有了一个堂皇的名字！这真是前无古人，后无来者啊！

二是做秀。我不知道他那会儿的做秀，和现在的做秀是不是一样？他削藩战争一度失利。失利之后，这老兄不去总结教训，也不做东山再起的准备，而是做起了秀。公元784年正月，德宗痛下“罪己诏”，声明“朕实不君”，将削藩行动，说成是自己的错误，是自己导致了天下大乱。德宗在诏书中宣布，李希烈、田悦、王武俊、李纳等人叛乱是因为自己的失误，所谓“朕抚御乖方，致其疑惧”，故而赦免了这些叛乱的藩镇，表示今后“一切待之如初”。如此做秀，非但没有感化正在坐大的藩镇，而且激发了他们争霸天下的野心。

书生颜真卿，以一人而敌十万之敌，大唐是知道危情已达万钧的。按说，皇帝和大将们，是应该首先应对军事上的问题，或者从事政治上的改良，或者进行人事上的调整。这些事情，似乎他们也在做，但做的不力，也不智。皇帝们，总要有些形象啊，于是，他们忙着去做秀了。

这样的统治者之下，莫说一个颜真卿，就是一百个颜真卿，又能顶什么事?！只不过好端端将些个大好人才送入虎狼之口，弄得个有去无回！

英雄永远只能做英雄的事情，国家存亡，匹夫虽然有责，但却不能主宰。主宰存亡兴衰的，是至高无尚的统治者。存亡之际，他们才是唯一可以主动选择去向的人。然而，这些人往选择了死亡之时，却又死不承认自己的错。明末帝崇祯，北京城破在即，大呼道：“君非亡国之君，臣皆亡国之臣！”你看看，你自己把江山搞成了这个样子，不自省，倒是一下子将责任推给了所有的大臣！即便是大臣的错，那根子不也还是在你皇帝老儿吗？再说了，你明知这些人不是东西，那你还委以重任干什么?!

长安的名字，已经赋予了明确的期盼：长治久安，以期长安。然而，长安可曾真的长安？长安为何又总是不得长安？原因么，在统治者，在最高当权者。安与不安，非关百姓，亦无关大臣。

千古帝王，都是自掘坟墓的。

末世忠良几何

——晋梁三垂岗战役千年祭

一、三垂岗下炊烟淡

山西的每一寸土地，几乎都有一个令人慨叹的故事。古上党地区的三垂岗，即是其一。

夏天。阳光高照，树荫下依然凉快，并不像南方夏天的室外。在南方，这样的时节，这样的天气，灼热是会让你几乎找不到栖身之地的。还好，这是山西，是拥有800多米海拔高度的黄土高原和太行山区。

作为一个闲云野鹤般的游人，站在三垂岗上，顺着阳光，极目望去，你是会心醉的。满目葱浓，漫山灌木，还有村舍里飘荡的炊烟，间或听到的狗叫鸡鸣。闲散，淡定，平和，一幅快慰的乡村风景，在你的面前尽情伸展，就像一个普通的农夫，在那儿毫无掩饰地伸着懒腰。这样的情调，是我所喜爱的。

恬淡的三垂岗，却也有着令人不能释怀的故事。这故事发生在整整一千年前。千万别小看这个小小的三垂岗，它见证了曾经强盛无比的大唐王朝戛然而止的时刻，经历了末世严峻的忠奸对决。

公元907年，后梁皇帝朱温，向唐朝北方将领、晋王李克用发动战争。战场围绕上党地区的三垂岗展开，史称“晋梁潞州之战”，即三垂岗战役。

在几千年中国历史上，在一回回王朝末世之际，忠与奸的对决战，上演了无数回。无数回中，往往胜少负多。三垂岗之战，则是个例外。

二、末世英雄挽狂澜

公元907年，也就是距今正好一千年的时候，大唐王朝最后一位北方将领李克用，领着部下正死守上党。他的对头——朱温驱兵十万，越过三垂岗，紧紧围困。

双方难分高下。

古来征战，无非利益。然而，李克用抗衡朱温，还为了一个字——忠！就为了这一个字，老迈重病的李克用，苦守上党，艰苦支撑。

无论多么强盛的王朝，当他老迈龙钟时，当他步入晚年时，凄凉、悲哀、无助、无奈，都是一样的。唐亦如是。

晚唐时期，农民起义军领袖黄巢统兵攻破京师长安，给了唐王朝最为沉重的一击。各地诸侯，纷纷起兵勤王，农民军是失败了，可是，唐朝也快完蛋了。农民起义军败退之时，黄巢手下的一名将军，名朱温，率部投降了唐王朝。农民军平灭之际，朱温也领兵坐大。

叛徒永远就是叛徒。一个人，能叛一次，就会叛若干次。朱温就是这样的人。千古以来，朱温可以称得上是大奸大恶之第一人。

——公元903年，朱温再起反心。他驱兵直捣皇宫，挟持唐昭宗，诛宦官数百人，一举翦除把持唐朝晚年一百多年的宦官势力。宦官被诛，本是幸事。然而，朱温心存异志，并不想匡扶社稷。

——公元904年，朱温杀昭宗，立李柷为太子即位，是为哀帝。

——公元905年，朱温大肆贬逐朝官，并将崔枢等被贬的朝官三十余人全部杀死于白马驿，历史称之为“白马驿之祸”。

中国历史，往往黑暗。要扫除反对派，从来不搞什么投票表决，往往用最直接也最野蛮的办法——肉体消灭！朱温用肉体消灭的办法，全部扫除了政治上的绊脚石。

——公元907年，朱温废掉唐朝哀帝，自立为帝，改国号梁（史称后梁），是为梁太祖，都于开封。

至此唐朝完全灭亡。

旧朝倾覆，新君既立，一时之间，趋之若鹜的人，是不在少数的。即便是有些气节，有些廉耻的人，不去奉新朝为官，也会选择隐山林养性。

然而，新朝的北方，山西的境内，却有一人特立独行，公然打着旧唐的旗号，公然奉着旧唐的社稷，公然用着旧唐的年号，公然拒不承认朱温新立的政权！这个人是李克用。

李克用说，我要做大唐的忠臣，无论如何，我也要做忠臣，要挽救大唐！

末世之时，如此忠良，何其难得！

李克用的忠，惹恼了朱温的心。朱温说，咱家已贵为天子，你一个李克用还逞什么能？你不服，你不降，我就只好将你喀嚓——杀掉！朱温是信心满满的。于是，他从新都开封——自己的都城里派出十万精锐之师，进入山西，直攻上党，揭开了残唐五代史上的晋梁潞州之战。

这场战争，演义成了忠与逆的一场较量，忠与奸的一次对决。出乎朱温意料的是，这场战争，竟成了一场持久的拉锯战。也许就是邪不能胜正，逆不能胜忠吧？

我来三垂岗，早已无鼓角。袅袅炊烟，仿如历史的幕障。以我这样一个凡人的眼光，我无法穿越千年历史的幕障，无法想象历史大事的激昂。一切已经沉睡了，已经湮没了。只有这个永远不变的地名，像一个驼背的老人，负着他永远挺不起来的驼背。这驼背，就是他的历史，亦是他生命的一部分。

三、大义只手扶社稷

让我将目光离开战场上永远无名的兵士。让我将目光聚焦在战场上永远留名的统帅。他是李克用。

大唐王朝的血统，并非完全的汉裔。据说，李世民皇帝的先祖，就流着异族胡人的血。当然，当时和后来的历史所指的异族胡人，完全是一种非公正的统称，他们虽非炎黄子孙，却也完全是中华儿女。作为北方游牧的少数民族，他们与中原大地的汉族人一样共同孕育了中华五千年的文明。只是，在当时，在当代，他们是汉家天下边缘化的人物。李世民的血液中，应该也流淌着一部分胡人的血。也许正因为他是杂交的品种，所以有着更宽阔的胸怀，有着更非凡的气度，有着更卓越的智慧。正统纯粹的汉家血统，往往在掌握大权后真的表现得不怎么样。李世民之前，李世民之后，都有可以数得出姓道没出名的帝王们证实了这一点。

皇族有这样的血统背景，皇族用人便没有汉胡之分。晚唐的李克用，与初唐和盛唐的许多少数民族干部一样，颇受器重，沐浴重恩，得以一展才华。

李克用是唐代沙陀族人。在当时，他是绝对的边地胡族。李克用还是残疾人，他只有一只眼睛。然而，天生英才，与众不同。他十五岁时，就跟随父亲南征北战，一箭双雕的骑射功夫连鞑靼人都为之折服，在军中被誉为“飞虎子”。公元876年，云州防御使段文楚克扣军粮、用法严峻，被士兵们杀死。哗变的士兵拥立副将李克用为统帅。很快，朝廷派兵讨伐，乱兵被击溃之后，李克用与父亲李国昌一起率领残部北逃鞑靼避难。

882年十二月，李克用军至河中（今山西永济），与黄巢军隔河相望。为了拉拢李克用，唐朝廷和黄巢都使尽了手段。黄巢送上了李克用的杀弟仇人和金银珠宝，然而，李克用不为所动，依然效忠唐朝，不与为伍。

第二年的正月，李克用两次与黄巢开战。李克用的军队，衣着黑色，被称为鸦儿军。他的军队在沙苑打败黄揆(黄巢的弟弟)。二月，李克用大战黄巢大将尚让十五万人马，激烈的战斗从中午一直到傍晚，尚让大败，农民军损失惨重，伏尸三十里。接着，李克用在零口再败黄巢援军，进军渭桥。

883年四月初八，李克用等从光泰门进入京师长安，黄巢率军顽强抵抗，但见唐官军势大，便放火焚烧宫殿后逃跑。李克用率勤王之师，抢先攻入京城，击败了黄巢，夺了头功，因功加官同中书门下平章政事（宰相）、陇西郡公，不久又加金紫光禄大夫、检校右仆射、河东节度使，时年二十八岁。李克用在替唐朝廷收复京师长安之战中，居功第一，兵势最强，诸将皆畏之。有了兵，有了刀，李克用终成大器。

884年春天，李克用率兵五万，自河中南渡，连败黄巢军。黄巢骁将尚让见势不妙，率众向唐将时溥投降，黄巢其余的几个将领也投降了。

此时，农民军败局已定，黄巢起义军只好退走山东。李克用率兵穷追不舍，想将黄巢一网打尽。身为主将，李克用且勇且谋，他亲帅大军，一日一夜行军二百里。结果大队人马反而无法跟上，将要接近农民军时，李克用回首一望，相随的只有数百骑兵，人困马乏，粮草缺乏，兵力又少，李克用只好退还汴州。然而，这一天一夜的追击，让李克用又立大功：捉住了黄巢的幼子，缴获了黄巢乘坐的车马、仪仗、龙袍、符节和印章。黄巢被李克用一路上穷追猛打之后，仅剩下千余人。不久，黄巢又在莱芜（今山东莱芜）遭到唐将时溥的围攻，逃到狼虎谷（今山东莱芜东南）时，身边只剩下少数几个亲信，绝望至极的黄巢，自杀身亡。

成功的男人后面，都有一个非凡的女子。李克用的妻子刘氏，就是非同一般的人物。乱世之中，身为女流，刘氏首先是个智者。每次征伐，她总是跟随李克用左右，陪伴丈夫身边。有一次，李克用被敌军围在上源驿，身边有人十分惊慌，纷纷从汴州城内逃脱，跑回军营向刘氏报告情况。刘氏不动声色，将逃回来报信的人立即斩杀，掩饰消息，稳定军心。之后，她暗中召集诸将，做出了正确的决定，得以保全了大军。

不久，投降唐朝的原农民军将领朱温占据汴州。此人早有不轨之心，加上李克用与之有仇。李克用想发兵攻打。刘氏认为，如此做法，并不占理，不如奏明唐朝廷，以朝廷的名义出兵更好。李克用听从她的建议，果然名正言顺地讨伐朱温。

晚唐时代，各路拥兵自重的大将军们，无不想着自立为王，谁人还想着唐朝天下？他们争地盘，争人才，争财宝，争女人，忠之一字，早已忘记在脑后了。

然而，在国家存亡之际，独眼英雄李克用，还能想着朝廷，几乎只手支撑晚唐江山。

四、悍兵十万卷土来

三垂岗一带与李克用对决的朱温，亦非泛泛之辈。

李克用与朱温，是一场英雄和枭雄的对决。

朱温其人，颇有来历。从血统上说，朱温应该是个标准的汉人。历史学家们查看他的家谱，查看他的身世，可以说比现在公安局的人们要查得清楚得多了。结论是：朱温是纯正血统的汉人。

胡人血统的李克用拼着老命要保唐王朝的汉家天下。而汉人血统的朱温却拼着小命要灭唐王朝的汉家天下。这不奇怪，以现代的理论来说，他们打的不是一场民族战争，而是一场争夺权力的阶级战争。

历史上的许多农民起义首领，大多出自底层的读书人家。读过书，希望上进，同时又因身在底层，上进无门，于是，他们在无奈之中，会对朝廷起了怨恨之心。起了怨恨之心，只要一有时机，便会揭竿而起，搞出一场人间大祸！

朱温也出身于书香门第。准确地说，他出身于一个社会底层的书香门第。安徽砀山，是他出生和长大的地方。朱温的祖父和父亲都是乡村私塾教师。两代人教了一辈子的书，也曾考过科举，在唐朝，科举已经十分寻常了。然而，两代人都没有考上一官半职，只好郁闷着，委屈着在乡间做一个教书匠。后来，他的父亲早亡，家境更加贫困。贫寒，加上两代人的教育，朱温是有文化的，而且也有一种不甘心于社会底层的志向。据说，他狡猾奸诈，蛮勇凶悍。朱温后来将他的狡诈用于军事，屡屡获胜，也成全了他一时的霸业。

25岁时，朱温和哥哥朱存一起参加了黄巢起义军。因为作战骁勇，屡立战功，被升为队长。不久，三十而立的朱温，成了农民起义军建立的政权——“大齐”政权的功臣，成为起义军中的一员大将。

后来，农民军因为种种自身的原因，不断挫败。朱温在与唐朝军队的战斗中，由于兵少，几次战败，而求助的书信总是被负责军务的孟楷拦阻扣压，再加上起义军内部混乱腐败，朱温没有办法，只好别做选择，率部投降了唐朝军队。唐僖宗大喜过望，立即下诏任命朱温为左金吾大将军、河中行营招讨副使。

朱温投降唐朝廷后不久，唐朝廷又任命朱温为汴州（今河南开封）刺史、宣武军节度使，只等收复京城长安，就可以去赴任。朱温便与各路唐军合围长安，和昔日并肩作战的兄弟军队兵戎相见。乱世之中，什么正义和良心都抛之脑后了，兄弟相杀，朋友反目，成了五代十国时期最黑暗的内容。

攻破一个个强大的敌人之后，朱温又狡诈地对付小敌，甚至对曾经相助的朋友也不放过。他首先解决了西面秦宗权的威胁，将其完全消灭。而后，朱温将目标对准了东边。在东边，正是他的老朋友朱宣。朱温致书这位老友，骂他诱自己的兵士背叛。朱宣当然不服，回信相骂。于是，朱温找到了出兵的理由，令朱珍、葛从周袭击曹州（今山东曹县），将其一举击败。紧接着，朱温又将兵锋指向淮南地区，并最终如愿以偿。

经过二十余年经营，朱温羽翼丰满，野心膨胀，下一个目标就是皇帝的宝座。

在朱温面前，只有一个人可以成为对手，那就是山西的李克用。此时，朱温已完全控制了黄河以南淮河以北的中原大地，超过李克用成为晚唐最大的地方势力。

公元907年，朱温终于称帝。称帝之后，第一个目标就是李克用。同年，朱温发十万梁兵，越过三垂岗，将潞州城团团围住，拂晓之时梁军四面攻城。李克用的部下李嗣昭率领一万兵士拼死防守，十万梁军难以攻下。朱温的部将领康怀英见久攻不下，说：“如今强攻潞州，徒劳无益，末将以为陛下可分兵屯守，高筑土垒，围而不攻，断其粮道。”朱温说：“此计甚妙，立刻多备土石修筑土堡。”康怀英命十万兵马在潞州城外高筑土垒，各垒高约两丈六，内伏弩手，间隔一百步便有一土堡。土堡之外乃是梁军营寨，里外坚固，垒寨相应，使李嗣昭等难以突围。

战争由此进入相持。

五、风云帐前出奇儿

李朱对决，有一人不得不提，他是李克用的长子李存勖。

李存勖只有5岁时，一天，李克用外出打猎，将李存勖带在身边。父子俩和几个人来到三垂岗，猎间小息。李克用乘兴到一座古祠饮酒，随行伶人奏起《百年歌》。歌声凄苦，曲意哀惋。

回想前程往事，李克用喝着酒，有些苍凉。岁月无情，人生易老，唐室倾覆在即，天下谁主沉浮？想到这些，李克用将儿子呼唤到身边。让5岁的儿子趴在自己的膝头，一边轻轻抚摸，一边对周围人说："老夫壮心未已。二十年后，此子必战于此。"

李克用所说的此地，即三垂岗。

李存勖勇武才智，均胜其父。一是喜欢骑马射箭，且技艺高超。二是胆力过人，百万军中纵横往来，无人可敌。他少年时随父作战，颇像唐朝早年的少年英雄罗成。11岁时，他随父亲到长安向唐廷报功，得到唐昭宗的赏赐和夸奖。当时，军阀混战，父亲兵力不足，地盘狭小，时时叹息。少年李存勖，无畏无惧，劝说父亲等待时机，与朱温对决。

在军事上，李存勖更是远远超过了他的父亲，似乎有一种军事上的天才。而且，这位李存勖还很注意军队的思想政治工作，每次率兵打仗，总会自己谱写歌曲，以此作为军歌，教大家边走边唱。他写的军歌高亢激昂。唱着他写的军歌，千军万马真的是所向披靡。一旦临战，他总会带领少量卫士身先士卒，冲锋陷阵，虽然几次遇险却秉性难改。有一次，李存勖在魏州前线作战，率领百余名骑兵侦察敌情时与五千敌兵突然相遇，他厮杀了几个时辰后才得以突围。

李存勖拥有这样不凡的战绩：公元913年，攻破拥甲兵三十万的幽州。四年后，李存勖率领以步兵为主力的十万晋军，精心准备，大破号称三十万的契丹骑兵。不久，李存勖又亲率骑兵在定州再次大败契丹兵。据搞军事研究的人们说，十五年间，李存勖的柏乡之战、杨刘之战、胡柳陂之战、德胜之战以及潞州之战、幽州之战，都成为研究中国古代尤其是五代军事史的著名战例。

李存勖是一个孝子，一员勇将，一位优秀的艺术家、杰出的军事家。李存勖能词，有三首传世。其《一叶落》云："一叶落，搴朱箔，此时景物正萧索。画楼月影寒，西风吹罗幕。吹罗幕，往事思量著。"表明这位能征惯战的豪杰人物并非普通的一介武夫。

六、雷电战罢晋河山

三垂岗之战，时间漫长，战斗激烈。这一战，注定要垂名青史的。

其一，这是大唐王朝灭亡的最后一战；

其二，这是史书上所谓的五代十国正式上演的第一战，因为这一战，五代十国正式揭开了序幕；

其三，这是中国历史从最文明最灿烂的时代骤然走向最黑暗最腐败的时代的一战，这一战之后，曾经的文明完全烟灭，不曾想象的败坏笼罩大地；

其四，这一战之前，国家名义上依然统一，这一战之后，国家名义上和实际上完全分裂，国家再一次陷入完全的大分裂，大动乱，大倒退；

其五，这是中国历史上一个真正的忠良与一个完全的叛徒进行的一场长达多年的战争，忠与奸对决于此，惊天地而恸神鬼……

公元907年，也就是李唐王朝灭亡当年。唐朝虽已实际失去了政权，但天子尚在，所以，时不时有些遗老们会在不同的地方举起旗来，以唐为名进行各种活动。为此，朱温十分恼恨，干脆残杀大唐的末代皇帝。

告哀传到晋阳，李克用南面痛哭。唐，在他的心中，是圣地啊，是他的主啊，现在，主子死了，怎能不悲从中来？他下令三军，穿素服，行唐礼，以志哀。

李克用的忠良做法，让朱温十分不爽。新仇旧恨，让朱温必欲除之而后快。他们本来是对老冤家。

早在李克用为唐朝大败黄巢到汴州时，已经降唐的朱温，作为一方之主，提出答谢李克用出兵相助。他在汴州驿馆上源驿设宴款待，庆功接风。

朱温流寇出身，心存异志，对李克用这样的能人忠良，怎么会允许他活在身边，怎么会让他成为日后之患？酒席之中，朱温杀机已动，加意劝酒，将李克用灌得大醉。

是夜，朱温派人用连起来的马车和栅栏挡住宾馆的大门口，再派汴兵包围了上源驿宾馆。一切安排之后，他下令部下乱箭齐发，欲置李克用于死地。

这时候，李克用却早已经烂醉如泥。幸好他的亲随薛志勤、史敬思等人十分骁勇，拼命抵抗，由此展开激烈的搏杀。薛志勤箭法高明，例无虚发，一人便射死汴兵数十人。

强攻不成，朱温又命人四面纵火，将无数的火炬投向驿舍，一时之间，火光冲天而起。朱温隔岸观火，冷笑道：“非得将你烧成一堆灰尘！”

浓烟烈火大作之时，突然电闪雷鸣，天地晦冥，猛雨如注，直泻到大火上。大火被暴雨一浇，顿时熄灭。薛志勤扶住李克用，借闪电的光亮翻墙突围而出，终于幸免一死。

有此一战，双方结下了死仇。于是，李克用的晋，与朱温的梁，拉开了战争的序幕。

公元907年，朱温灭掉唐朝，挥重兵十万，围困潞州（今山西长治）。只要打下这一片上党地带，李克用的晋，就会门户洞开，而朱温的军队，才可能一路北上，平灭李克用。所以，上党，这个自古以来的兵家必争之地，成为朱李的必争之地。

为守住自家的门户，李克用只好派兵驰援。攻与守，在这片古战场上拉开了！

朱温派出大军，在城外筑了一道夹寨，将李克用的部下李嗣昭包围在城内，双方相持了一年。李克用派周德威去解围，数度苦战，仍不能将朱温军队击溃。两军对垒，难分胜负。

就在双方相持的时候，李克用却因头部疽发身染急病，于908年死于晋阳，年仅五十二岁。真的是天不假年啊。好好的一个忠良，就这样含恨而去了！

李克用临终之时，仍不忘记忠效大唐。他用生命最后的力气，拿出三支箭，命儿子李存勖跪在床前。

李克用说："三支箭，交给你，一箭一件事，件件要完成！"

李克用又说——

"第一支箭，去灭刘仁恭。他占有幽州之地，你如果不先攻占幽州，那么河南地区也难夺取。河南之地拿不回来，大唐如何可以匡复？"

"第二支箭，北击契丹。当初阿保机和我盟誓结为兄弟，相约兴复唐朝社稷，后来他却背信弃义，叛了大唐，你一定要讨伐他，这是一个忠贞之士必做的事情。”

“第三支箭，去灭朱温。他是我的仇敌，也是大唐的仇敌。你如能完成我这三项未实现的心愿，我死而无憾了。”

耿耿忠心，悠悠此心，全在临终的遗言里。这几句话，虽然没有多少文采，也没有多么豪壮，可我总觉得，这几句简单的交代，真的并不逊色于诸葛亮的前后出师表。

李克用病死后，李存勖将三支箭藏在李克用的太庙中。到讨伐刘仁恭时，他便请出一支，放在锦囊中，让手下将领背着，追随自己左右，凯旋之日，他将此箭随同战俘一同献于李克用太庙。后来伐契丹、灭后梁都是如此。李存勖继任河东节度使，袭封晋王，攻破幽州，尽并卢龙之地，连年攻打，尽占河北之地。

上党者，天下之脊也。若占据上党、太行，不但可以囊括三晋大地，而且进退有余，向东向南，可以跃马幽冀，挥戈齐鲁，问鼎中原。因此，二十多年间，朱温与李克用多次争夺上党，这儿的许多城池和关隘，先后五度易手，死伤惨烈。大部分的战斗中，李克用处于下风。直到李克用死时，潞州（即上党）之困仍没有解决。李克用的部将李嗣昭只能闭关坚守，梁军久攻不克。

一直占上风的朱温，以十万后梁军围困，两军相持，战事胶着。

李克用突然病故，临终之际，下令薄葬，发丧之后二十七天便可除去丧服。中国古代，孝，是很重要的，儿子为父亲服丧，须得满三年，最短的丧期也得三个月。

然而，紧张的战局之下，李克用要求一切简化，一切以大局为重。因此，他的儿子，才有了足够的精力，全力对付眼前的战争。

安排完父亲的葬礼，李存勖重整军马，准备出战。李存勖召集众将官，发表临战演说。史书是这样记载他的话的——

“梁人见我大丧，谓我少而新立，无能为也，宜乘其怠击之。”

好一个乘其怠而击之！一个大军事家的眼光，由此可见。是日，他跨上战马，率领大军，疾驰六天，悄然潜入三垂岗。来到此地，想到父亲，悲从中来，他对众人说：“此先王置酒处也！”

李存勖大军隐蔽集结，保密工作做得很好，梁军丝毫没有察觉。

决战的时候到了。次日凌晨，大雾弥天。李存勖的大军在大雾之中悄然前行，接近敌军的阵前，直捣梁军“夹寨”。而此时，睡梦中的梁军突然发现敌军到来，不得不仓促应战。一方是精心准备，抱着必死之心；一方是大意松懈，抱着侥幸之心。因此，两军对决，高下已然分出。

结果，晋军斩敌首万余级，朱温余众兵败如山倒，向南狂逃，丢戈弃甲。朱温部将符道昭等三百人被俘，只有康怀英等百余骑逃归。在开封，朱温听到挫败的消息，惊叹道：“生子当如是。李氏不亡矣！吾家诸子乃豚犬尔！”

意思是说：生儿子就应当生李存勖这样的！李克用虽死犹生，我的儿子们与之相比，都是些猪狗之类无用的东西。三垂岗战役是长途奔袭，以隐蔽奇袭取胜，为之后李存勖兵下太行、逐鹿中原打下牢固的基础。

破了潞州之围，李存勖全面整顿境内政治和经济，还下令各州县保举贤良之人充任官吏，罢黜地方的贪官污吏。据说，李存勖颇有亲民作风，每当路上遇到饥寒的百姓，就下马亲自慰问。从此，河东地区民心依附，百姓开始安居乐业。经济的发展反过来又为李存勖的作战提供了有力的物质保障。

随后，李存勖又用智取的办法，多次击败了朱温的军队，朱温的军队因而在心理上对李存勖产生了恐惧心情，往往两军还未接手就纷纷溃散。晋军占据河北后，双方苦战，陷入长期对峙。此后，朱温政权发生内乱，被李氏消灭。

三垂岗一战而胜，李存勖终于坐拥了三晋大地。

公元923年十月，李存勖攻占开封，灭后梁，自己称帝。但他知道父亲是唐朝的大忠良，因此，唐朝灭亡之后，他仍以唐为国号，史称后唐。他还追认先父李克用为武皇帝，庙号为太祖。

七、煊赫功业随云去

朱温也好，李存勖也好，终不免灰飞烟灭。残唐五代，天下大乱，几乎都是短命的王朝。虽然他们崛起时引人注目，也曾绚丽过，但灭亡的也快，而且灭亡之路，几乎如出一辙。李存勖的败亡，应该是三垂岗之战的后话了。

得了三晋大地之后，李存勖看到唐朝已亡，决定自立为帝。他以国号为唐，奉唐朝社稷。

做了天子，没了战争和竞争的压力，又没有人监督，李存勖的毛病和缺憾，也一一暴露出来。

这位天子非常喜爱音乐，所以养了许多优伶，也就是今天我们在电视上常常听到自诩为艺术家的那种人。喜欢这种人，倒也无妨，人嘛，谁不要找个乐子？可是，李存勖喜欢得过了头，他给自己起了个艺名，叫“李天下”，自己也时时地粉墨上场，成为天下第一奇闻。

人说爱屋及乌。李存勖对伶官特别关照，任其胡为。有一次，他上台演戏，自己叫了两声“李天下”。一个叫敬新磨的优伶上来打了他两嘴巴。众人都大吃一惊。敬新磨嬉皮着说：“理（理和李同音）天下只有皇帝一个人，你叫了两声，还有一个是谁呢？”李存勖非但不问责，还厚赐敬新磨。

玩玩音乐，乐乐戏子，本无伤大雅的。但是，天子如此，戏子就要干政了！戏子干政，比之太监，尤有过之！李存勖灭梁之后，曾经被梁军俘获的伶人周匝，终于又回到了李存勖身边。戏子无行，投降保命，十分正常。回来之后，他向李存勖保举曾保护他的后梁教坊使陈浚做一郡长官，李存勖因为喜欢周匝，对周匝保举的陈浚，没做任何政治考察，甚至连人也不看，立即给了委任状。天下戏子，多无德行。你越宠他，他越坏事。李存勖宠信的伶人们出入宫廷内外，傲视戏弄贵族大臣。如此一来，大官们害怕，不得不反过来巴结伶人，以保求富贵。他的王国，戏子和宦官，多时曾各达上千人。宦官与戏子，均成为他的心腹，委以军国大事。他又设置监军一职，派宦官充任以监督驻外将领。李存勖用伶人探察和奏呈文武百官动静，后来竟然发展到"军机国政，皆与参决"。伶人腐败朝纲，陷害忠良，鱼肉百姓。一时之间，好端端的一个国家，搞得"大臣无罪以获诛，众口吞声以避祸"。

重用奸臣，是李存勖败亡原因之一。三年之中，李存勖从河东变到了河西，一路西去，一路从人生的巅峰跌入人生的谷底。唐朝末年的腐败士人苏循，在朱温称帝前后，鞍前马后地效劳不止，被敬翔等人鄙视，贬斥回乡。李存勖建后唐时，苏循又重新出山，见到李存勖即用唐朝见皇帝的礼拜见。当时文武众臣都没有用朝贺之礼，苏循却跪拜高呼万岁，涕流称臣，使李存勖喜形于色，欢于内心。除了苏循，李存勖又招纳唐朝旧臣，钻营之徒纷纷再现。豆卢革是旧唐的奸人之一，但却受到重用，这些人任职后败坏了政治，带坏了将领，唐末的腐败世风又重在后唐弥漫起来。李存勖任命孔谦为租庸使，孔谦为敛民财供奉李存勖挥霍，便绕过藩镇将领直接下令到州县催交赋税。虽然有的藩镇上奏弹劾孔谦违反朝廷制度，李存勖却一方面下诏表示照制度办事，一方面又对孔谦姑息纵容，致使其横征暴敛。由于暴敛无度，魏州百姓常有拖欠，李存勖责问魏州官员赵季良，赵季良反问他想何时平定河南，李存勖怒而斥责道："你的职责是督交税赋，做事不利，反而敢干预我军国大事！"赵季良却说："要谋取河南却不爱护百姓，一旦失去民心，恐怕河北也不属于您了，更何况河南呢？"李存勖被赵季良的话惊醒了，怒气顿消，这才收敛了一些，缓征赋税。

以国家的名义贪取钱财，又是导致败亡的原因。李存勖的皇后刘氏出身贫寒。她如愿以偿当上皇后之后，唯一的工作和业余爱好，就是疯狂敛财，搞得军中无钱可用。宰相无奈之下，请求发放一些内府库的钱财赏赐将士，以解燃眉之急。刘皇后一听脸色大变，回屋拿出日常用的银盆两个，又将皇子满喜等三人领出来，让其卖了犒赏将士。宰相无奈，只好拜辞。

古楚诗人屈原，悲愤之时，曾大声说道："黄钟毁弃，瓦釜雷鸣！"反过来说，瓦釜雷鸣之时，必是黄钟毁弃之日。国是如此，国祸不远。果然，他的功臣宿将们横遭猜忌，接连冤杀。郭崇韬原是灭梁的功臣，奸人当道时，他曾几次进谏，使李存勖非常不爽，加上伶人诬陷，李存勖对他猜疑更深，到郭崇韬平定四川又立下战功，随军的宦官们因为没捞到好处便造谣说郭崇韬聚财谋反，刘皇后立即派人前去杀了他。得知郭崇韬被杀后，李存勖竟无动于衷，不辨是非。

君王如此作为，部下怎能不叛？公元926年，后唐将士拥戴李嗣源（李克用的养子），要求以他为主反抗。

李存勖在洛阳听到李嗣源叛变消息，想赶回汴京。半路上听到李嗣源已经进了汴京，而各地将领纷纷支持李嗣源。他知道自己已经完全孤立，垂头丧气地跟左右将士说："这下我完了！"回到洛阳，李嗣源整军回攻，到这时李存勖才想到用财物赏赐将士，让他们为自己卖命。士卒们背着钱物，没一点感激之情，反而大骂："我们的妻子儿女已经饿死了，要这些干什么！”李存勖领兵去开封抵挡，中途听说开封已经被李嗣源占领，又慌忙撤退。而士卒已经逃亡了一多半。李存勖低三下四求士卒护驾回洛阳，许诺重赏，士卒们却说：“陛下赏赐太晚了，我们不感激圣恩！”乱军之中李存勖被流箭射中，不久便气绝身亡。众人都逃散了，只有一个伶人拣了些丢弃的破烂乐器放在李存勖的身上点火焚尸，收集起李存勖的遗骨安葬于雍陵，庙号庄宗。

父子两代在马背上得来的天下，顷刻间落入他人之手，虎父龙子四十余年建立的赫赫功业转眼之间化为过眼烟云。

八、寂寥忠良空浩叹

三垂岗之战，是忠与奸的一次大对决。

千古以来的大忠大勇——李家父子，与千古以来的大奸大逆——朱温，在千古以来最伟大的一个王朝灭亡之际，于三垂岗作了一次决定性的大战，而结果，以忠胜逆而终结。

三垂岗因此一战，垂名了青史。

清末刘翰作《李克用置酒三垂岗赋》，句为：“玉如意指挥倜傥，一座皆惊；金叵罗倾倒淋漓，千杯未醉。”

清代雍正年间的进士、著名诗人严遂成，曾在山西为官。秋天的一日，诗人临登三垂岗，写下名作七言律诗：“英雄立马起沙陀，奈此朱梁跋扈何。只手难扶唐社稷，连城犹拥晋山河。风云帐下奇儿在，鼓角灯前老泪多，萧瑟三垂岗下路，至今人唱《百年歌》。”

1964年12月29日，毛泽东在给田家英的信中说：“近读五代史唐庄宗传三垂岗战役，记起了年轻时曾读过一首咏史诗，忘记了是何代何人所作。请你一查，告我为盼！”毛泽东还凭记忆书写了《三垂岗诗》，以方便查找。他又在诗后注明：“诗歌颂李克用父子。”

李克用父子值得后人如此歌颂，原因在于他们在末世时表现的忠良操守和英雄气概。

末世忠良，总让人千古不忘，我想原因在于：一是末世之时，天下大乱，有一两个忠臣出现，虽然做的是力不能敌的事情，但有很重的悲剧情节，让后人备受感动；二是末世之时，饱食了国家俸禄，享尽了国家待遇的百官们，降的降了，逃的逃了，叛的叛了，往往只有少许一两个固执的、偏执的人要坚持立场，用肉脖子去撞刀片子，人格的魅力凸现出来，鹤立鸡群，凤毛麟角，十分稀罕。这样的稀缺资源，当然是会传颂千古的。其实啊，末世之时，忠良真的是少之又少啊！

末世之时，几个忠良，是无力回天的，就真如螳臂当车，说难听点是粉身碎骨，说好听点是玉石俱焚，于社稷，于旧主，无补、无益，徒为历史增加一分悲剧。

末世之时，更多的饱君禄者或叛或降，以历史的眼光看，也没有多少可以菲薄的。而且，作为王朝的拥有者，你自己不争气，为什么要责备他人？再说了，大势已去，为什么要那么多鲜活的生命去为它做殉葬呢？从人道的立场看，生命权大于一切。

末世之时，文武官员去作别的选择，用传统或者正统的目光看，是忠或者不忠的表现。其实，我们后人，也不妨视野更开阔些。选择放弃行将就木的主子，确实是对主子的不忠，但是，如果他选择放弃主子之后，却能够为民族做些好事，似乎就不能用不忠来给他盖棺论定了。放弃一个本当放弃的主子，选择忠于民族，可不可以也用忠来评价呢？一个不适当的主子，有时真的是一场民族的劫难。一个真正的英雄，是会选择忠于民族利益，而不会选择愚忠于某一个不适当的人或者某一个不适当的政权的。

末世之时，忠良也好，叛逆也罢，是起不到真正决定性作用的。历代末世，都是制度已经臭不可闻，国家已经朽不可当。政治制度腐化，经济体制衰微，人民生计苦困，官场吏治黑暗。史学家们不从这些根子去找原因，去解决问题，偏偏却要去责备某个人叛了，某个人引狼入室了，这实在是一叶障目。千古年来，我们这个民族，太多的注重以道德标准、以个人修养来要求官员，却很少从体制问题上着手研究。王朝崩溃，不是某几个人的道德好坏可以决定的，不是某几个人的忠与不忠可以解决的，是制度、是体制！制度问题不解决，体制问题不解决，我们永远只能在历史和现实的轮回中痛不欲生！

末世之时，我们也不能说最高当权者就不想改革，就不想死中求生。然而，真实的历史一次次告诉我，这些当权者的改革行为，总是比现实的矛盾和要求晚了一步，比时人的期许晚了几步！几乎都是些马后炮、后悔药，当然了，非但无用，反而速死！晚唐时期，有几位短命天子，是想好好振作一下的，结果无功而返。这样的事情，宋末有过，元末有过，明末有过，清末有过。不同的是，清末显得更加淋漓尽致。记得列强入侵之时，外邦维新之后，大清以康有为为首的人，是搞了公车上书的，他们要求进行改革——维新。他们改革的核心，其实就是让最高当权者还权于皇帝。对此，时人是期许有嘉的，以至于许多个封疆大吏都参与其中。然而，最高当权者不许，杀六君子于北京。天下人终于失望透顶，失望后生怨恨，怨恨后生革命！后来最高当权者没了办法，自己提出要“君主立宪”，他们提出的这个“君主立宪”，其实已经比当年康有为等维新者的要求大为进步了。然而，时机已失，时人已恨，断断不会同意的，他们当然的会将革命进行到底！结果，终于推翻了王朝。设想如果康有为等人提出维新时，最高当权者允许，并且顺势而为，推出“君主立宪”的方案，那时候，天下人是一定会欢欣鼓舞的。清，也许就不会有末世之衰了吧？

历代王朝，末世之时，总是沉疴已重，须用虎狼之药。而虎狼之药下去，只有两种结果——生存或毁灭。

中国历史上，生存的例子，至今还没有出现过。

因为爱，所以痛

——北宋一群女将的心路

一

生长在江南湖光山色中的我，对塞外的雁门关，一直有一种慕名的崇拜，一直想象着他的峭壁如刀砍斧削，一直想象着他的悬崖如乱石崩云。想象中崇拜的雁门关，是烈焰西风中长啸的马，是狂沙落日中独行的汉。

今年的深秋，我终于可以驶车直奔雁门关。调往山西工作的整整三年中，许多次曾想独赴雁门，而每次总在临行的最后一刻，因为俗务而搁下了行程。一次次的遗憾，一次次的无奈，也一次次积淀了心中埋藏多年的渴望。迎着秋日清冷的风，负着秋日耀眼的光，我西出太原，过忻州，经朔州，直往雁门关。

远远的，他横亘在我的眼前。如洗的天空，纯净仿佛处子，凝固的白云，是他高耸的头盔。如染的青草，安详仿佛梦幻，无声的莽原，是他广袤的甲胄。这就是曾经血染千年、泪洒时空的雁门关？

是的。这就是雁门关。

二

如许许多多的神山一样，远远地眺望他，比近近地亲抚他，会给你更多地震撼。这是雁门关。过近的亲近一座座历史悠久的关山，你也许会沉陷在厚重的历史森林中，在历史森林的枝叶里不知所去，连喘息都会觉得困难。远远地眺望他，也许可以凭借他的广阔，他的舒展，让自己神驰神往，感受一首悠扬的抒情长诗。

在我的童年岁月里，我便已经知道了雁门关。我们这一代人，我们这一代人的上几代人，也许都如我一样，少小年纪，便会熟悉了雁门关这个名字。是北宋杨家将的慷慨悲歌，将这个普通的关山铸成不朽的英名，流传了神州，也流芳了百世。家乡的皮影戏，一次次演绎这些不朽的故事；家乡的老人们，一遍遍讲述这些悲凉的传说。过去的岁月中，只要是中华男儿，只要是中华土地，都会永不厌倦传扬雁门关的杨家儿郎。我们就在这种口头历史的陶冶中长大，而历史的精髓，也成为我们的血液。

三

“雁门”之名何来？我查阅了明《永乐大典·太原志》：“代山（即雁门关）高峻，鸟飞不越，中有一缺，其形如门，鸿雁往来……因以名焉。”大约汉武帝初年已置关塞，以防匈奴。

到了北宋，雁门关的战事更为频繁。雁门及恒山一带是宋与辽的分界，辽多次向宋进攻。宋抗辽名将杨继业及其后代多年与辽作战，主要就在雁门关。宋对辽的战争是生死存亡之战，战争激烈，艰苦至极。陆游诗云：“全师出雁塞，百战云龙韬。”“夜沙风破肉，攻垒雪平壕。”宋太平兴国四年（979），杨继业任代州刺史，曾多次以少胜多。雍熙三年（986），在雁门附近的战斗中，由于统帅潘仁美的指挥失误、临阵脱逃和挟嫌报复，使杨继业陷入重困，全军覆没。在朔州的陈家谷，杨继业自己身负重伤为辽兵所执，宁死不屈，绝食殉国。元代，杨家十七世孙奉旨建祠，明清间又重修。现存祠内建筑及塑像，大部分为明代遗物。正殿有杨继业及佘太君坐像，八子彩塑分列两侧。大殿前竖有鹿蹄石一块，形状奇特，镌刻秀美。

准确地说，除了芳草顽石，先人们留在雁门关的遗物，已经所剩无几，几乎一览无余。我们只能站在这种历史已经沉淀，硝烟已经停息的关山，用心，用情，去浏览曾经的悲壮，让一个个曾经鲜活的影子，与你的心灵对话。

北宋是中国文官制度的巅峰，也因此铸造了一个个文化的峰峦。然而，一个民族的强盛，是要分清了再说的。国力之壮，可谓之强，粮丰草足，兵多马壮，猛将如云，要塞如盘，此谓强也。文采之华，可谓之盛，华章迭出，文人倍增，艺术高雅，文化灿烂，此谓盛也。中外古今，许多盛极一时的文明民族，往往在强大的铁骑下如土崩如水溃，看似野蛮的民族往往击败了文明的国度，这道理简单的很，那是强战胜了盛。大宋时期，虽然文化之盛有余，可是，武之强却不足，国之强更不可与汉唐相较。唉，今人们大颂盛世之时，可否想到过宋？可否想到过强？这是题外话，不说也罢。

所以，文化的峰峦，却总不能成为大宋边塞的屏障，只有雁门关杨家儿郎的血肉，成为那个时代唯一的国防亮点。杨老令公领着七郎们，闯幽州，战雁门，或死或伤，少有生还。这些，历史和传说，已经弘扬千百回，我不想重复了。我的心一直隐隐生痛的，是杨家的家人，是雁门关内的人们！

一个个杨家儿郎战死关山后，佘赛花和她儿媳们，是怎样面对一个个晓风残月？我们无从得知。所有的传说，所有的戏剧，所有历史的碎片，都在一次次弘扬她们的忠，她们的勇，她们的烈，还有她们的义，独没有她们的情，没有痛失儿郎的情与爱！杨家儿郎的千古英名，涵盖了，覆盖了杨家女人们多少不为人知的寂寥？春花秋月的时候，和风细雨的时候，她们一定不仅仅在演练绝世的武功，一定不仅仅是谈论无尚的忠义，她们也有爱，只是儿郎埋骨，马革裹尸，奈何？奈若何?！情天恨悔几人知，柔肠百结谁在意？雁门关广播的英名，是杨家儿郎们的筋骨血肉所种，也是杨家女人们的大爱大痛所植。爱着就会痛着。

爱，是痛的根源。坚石无言，亦可为证。传说汴梁城中，杨家的女儿们每每翘首以待雁门关的捷报，她们关注的是雁门关捷报中儿郎的安危，这是她们永远牵肠挂肚的大事呵！而金沙滩战役，杨老令公和几位儿子战死沙场，杨家女人们的伤痛，绝不是一块金匾所可以抚慰的。因为太重的痛，杨家的女人们，从这时起开始了频繁的出征，报的是国仇，更是家恨！她们助守雁门的日子，是痛着的日子。

四

雁门关外，风扬依旧。爱的神话，却已远久。现代时空，即便偶尔出现的神奇，也让人无法辨出真假。80岁的老翁与20多岁的女学生，真的会有多少爱，几份情？情爱已已，倒不如坦荡些吧？同样是这一年，中部一个都市里，八旬老妪打出广告，情愿付出她的100万财产，寻求35岁到45岁的男子结婚，她明确说，对方必须大学以上学历，必须品貌端正，必须好好待她。请记住，她只要求好好待她，而不是爱她。这位老妪是可敬的，甚至是可爱的，她对记者们说：我是想用100万元，换来一位绅士伴我度过晚年。八旬老妪的坦荡，真的照映了八旬老翁的虚伪。

用雁门关曾经的大爱大恨要求今人，实在牵强呵！许许多多的众生，感叹着真情难觅，感叹着挚爱难寻。其实，太多的物流，已经水磨石穿，洞穿了爱的神话，剩下的只有欲，只有欲望。情为何物？不再叫人生死相许，是进化，还是退化？不爱，因此也不会爱；无爱，因此也无情。身体成了灵魂的主宰，欲望成了情操的上帝，没有人再为雁门关争战的儿郎一哭，没有人再为雁门关征守的儿郎一守。风依然清徐，月依然明净，只是我们成了一群追逐的兽，厮咬着，掠夺者，唯利是图。

爱人者痛，爱国爱民者，痛何以堪！如果不是爱君，杨老令公会明知凶险，却还毅然带着儿子们去闯金沙滩？爱君，胜过了爱子吗？我们无法用度量衡来计算这些，但我们可以肯定，杨家对君的爱，还有忠，绝不亚于怜子之情。于是，他们只有承受失去亲人的痛！历史的烟云，总不能遮住今人的神思。比雁门关杨家更早的，有屈原。这个手无缚鸡之力却喜好背长剑的大官，因为深爱自己的楚国，深爱他视之为国家象征的楚王，一次次痛得肝肠寸断！楚国战败，他会痛；楚王颓废，他会痛；楚民流离，他会痛！因为他爱这些呵！爱之也深，痛之也切！痛之切，不欲生，他只求一死！同样驻守过雁门关的唐代大将薛仁贵，时任代州都督，与胡对峙。他一生征战，据说几乎没有人见过他有什么忧愁，几乎没有人见过他流泪。可是，当他接到书信，得知发妻三宝钗突然病逝，竟也痛声哭泣，诸将无人敢劝！从此之后，他性情大变，成为怒目金刚，晚年征战中，所到之处，杀人如麻！许是心中的爱与痛，彻底改变了他。他驻守雁门关时，年事已高，因为杀人太多太滥，竟至于突厥望风而逃。比雁门关杨家稍晚的，有南宋的岳飞。他背上的“精忠报国”四字，有了他对母亲的爱，刻了他对国家的爱。当12道金牌要他只身返回杭州时，他是知道凶多吉少的。可是，心中对国家的爱，胜过了疑虑，超越了生死。他还是回去了，接受断头之痛！爱，是一种让你义无反顾的情怀，爱，是一种让你不再选择的决断，没有是非，没有对错。为爱付出了所有，痛了自己，也痛着后人。因爱而痛，是情史，也是历史。

五

深秋的雁门关，草已熟，马正肥，是古人催马扬刀、张弓待发的征战季节。没有硝烟，没有鼓角，没有仗阵，雁门关有些冷清，有些寂寞，像一个落泊的英雄，放下了刀剑，洗去了征尘，在蓝天白云和绵延山体间，独自沉思。他在品味曾经辉煌的过去，还是忧虑不可莫明的未来？一个落泊的英雄屹立不倒时，依然散发着一种阅尽了沧桑的力量。这种力量，也许就来自太多的痛。爱是痛的根源，痛又何尝不是爱的力量？生物学和生理学已经验证，负痛的动物——包括人所暴发的力量，远远超过任何常态。痛，也会让爱更深，更远，更真。还是看看雁门关的杨家吧。血战金沙滩，杨家的七郎八虎中，大郎二郎三郎七郎战死，四郎八郎被俘，五郎出家。后来的征战中，老令公战死，六郎阵亡。大悲大痛之中，杨家女将表现出撼山岳的力量，十二寡妇征西，哪一仗不是惊心动魄？佘太君百岁挂帅出征，哪一阵不是惊天地泣鬼神？她们巾帼不让须眉，踏着亲人的足迹前行，是爱给了她们力量，是痛让她们屹立不倒。尽管许多故事，可能演绎成了传说，可是，在中华人的心中，她们永远是最真实的史实。

雁门关不远的代县，有杨家祠。祠前一只油黑的大鼎，空空的，似乎承载着日月经纶。我在想，无数漫漫的长夜，正如燃烧起来的鼎，煎熬着无法下咽的黄连，又让他们无可选择地咀嚼，百折千回的苦，千回百折的痛，就在心口间翻涌，成为永无休止的长相忆。爱成为苦，爱又承载着苦，抗御着苦。长相忆，我们又如何能够体味？又如何有那份体味的勇气？物欲横流的人海里，七年的婚姻，可以让曾经的海誓山盟土崩瓦解，七年婚姻后的离异，已经成为著名的“七年之痒”，长相厮守已经如此之难，还说什么长相忆？也许只能用时代变了作为唯一的注解，注解今天人类对情、对爱的逃避。当我们寻找一个注解，也是在寻找一个借口，寻找一种逃避。毕竟，爱着也会痛着。

所以，今年的网络，流行了一句名言：无爱一身轻。无爱亦无痛，便成了金山寺中被法海封闭七窍的许仙，尘世和人世的一切已无动于衷，不听，不问，也不担责任。可是，我们又真的可以做到无爱无痛么？

为了爱，宁愿痛。

谁到宁武不断肠

——明末最惨烈的一战

沈从文家乡的凤凰城，早已蜚声海外了。而北国塞外的凤凰城，还是少有人知，这是山西的宁武。龙城太原与云中大同之间，是宁武，他横锁在两座名城中间，成为要塞，与偏关、雁门关一起成为明朝防御外患的山西三关。传说这城由凤凰所变，于是当地人称之为凤凰城。冬天已经到了，但塞外还没有落雪，所到之处，一片苍黄。我眼前的宁武，早已没有了要塞险关的感觉，一个喧哗的县城已经替代了千百年争战的痕迹。如果坐火车经过这儿，或许可以从车厢内俯瞰到整个狭长的宁武县城以及山上的长城遗迹。

在这个历史遗迹与现代喧哗混杂的县城漫步，思绪很容易穿透了时空。我依稀记得，清朝初年，著名学者屈大均曾有诗写到宁武，“襟带河汾玉殿长，一朝弓剑委秋霜。将军死战哀宁武，帝子生泽恨晋阳。马首关山空落日，城中歌吹罢清高。悲风处处吹松柏，谁到并州不断肠。”死战宁武关的将军，古来多多，而屈大均此诗所说的死战哀宁武的将军，当是殉难宁武关之战的明代山西总兵周遇吉。

应该说，这位于总兵，并不是个十分知名的人物，但是，他在宁武的表现，却让人常常嘘唏不已。到宁武的人，如果你真的了解那些往事，是会有断肠的感慨的。

明末，也是风雨飘摇。所有朝代的晚年，都是风雨飘摇的。周遇吉就出生在那个多事之秋、多难岁月。据说他本是锦州卫人，因为勇武善射，便投军了。刚开始，他所在的部队，与后金作战，周遇吉极为勇敢，冲锋陷阵，建功多多。出身下层人家的他，凭借战功，从一名普通士卒而得到了提拔，成为明朝军队的京营游击，大概相当于现在的一名营级军官。京营是明朝的新军，当时，明朝军队已经腐败，再无战力，土木堡事变后，为扭转兵士战斗力下降的困局，兵部侍郎于谦改革兵制，组建新军，于是有了这支“营兵”，营兵长驻北京，亦称京营。到了明朝末年，这支新军也开始腐败了，京营将领，很多都是官宦子弟，他们靠家庭背景取得职位，既无心于战事，也无心于朝廷，对于出身下层且忠厚鲁直的周遇吉颇为轻视。周遇吉不以为然，说：“你们都是世家子弟，饱受皇恩，为什么不勤于操练以报效国家？”然而，忠直之言，引来的是同僚们的嘲笑！在那些人眼中，朝廷和国家，早已抛在脑后了。

乱世中的周遇吉，主要军事生涯都在与农民起义军的交战之中度过。周遇吉先后与多支农民军交战，从河南到河北，再到山西。他的著名战功，当是将张献忠逐入四川、保护献陵等。因此，他加封为太子少保、左都督。

乱世识贤良。1642年冬季，山西总兵许定国被处死，周遇吉接任山西总兵。赴任时，他效仿汉大将军卫青的作法，淘汰老弱残兵，仅留壮勇之士。上任后，他又修缮火炮弓矛，全力准备一战。而此时，大明天下，十失其八，明军在与农民军的战役中屡遭惨败，主力丧失殆尽，只有困守的份了。1643年冬，兵强马壮的李自成，攻占陕西，取道山西进攻北京。周遇吉就这样被又一次推到了与农民军决战的境地。然而，此时北京已无兵可调，不可能给周遇吉什么支援了，吉凶全凭他自己。周遇吉于危难之际，赶赴代州为北京建立阻击防线。1644年正月，平阳守将陈尚智投降李自成，劝降了周遇吉的部将熊通，熊通又来游说周遇吉归降。周遇吉怒斥道："我受国家的厚恩，怎么可能跟着你叛逆?！你统兵两千，不去杀贼，为什么反而要做说客?！"周遇吉怒斩熊通。

二月七日，李自成攻取太原，原任山西巡抚蔡懋德自尽身亡。李自成在太原休整八天，挥师北进，攻取忻州，急攻代州。周遇吉在代州坚守数天，粮尽援绝，退保宁武关。宁武关，也就此成为周遇吉生命的最后关口。

李自成数十万大军直逼宁武，而周遇吉仅数千人马。大敌当前，他无论如何备战，都难以相抗衡。宁武关地势险要，而农民军又志在必得。好在周遇吉火炮凶猛，致使农民军伤亡惨重。于是，农民军传话：若不投降，城破之日，必当屠城！一些将领也曾劝说周遇吉不要一味硬拼，但被周遇吉断然拒绝。他说："一军皆忠义，何须要投降?"

于是，死战难免了。李自成手下的将领们再次对宁武关发起了猛攻，在火炮的轰击之下，关城不断坍塌，农民军前赴后继，终于攻破宁武关。农民军攻入关城之后，周遇吉继续指挥巷战，从战马上摔下来后又徒步奋战不止，身中数箭，被农民军生擒后仍不屈服，农民军将周遇吉悬吊于高竿之上乱箭射死，然后又将尸体肢解。周遇吉的夫人刘氏素来勇健，带领几十名妇女拒守公廨，登上屋顶向农民军放箭，全部被农民军烧死。他和他的家庭以及四千名士卒一起做了明王朝的殉葬品。宁武关破，明王朝再无天险。农民军蜂拥北进，直取居庸关，直下北京城。

甲申国变，明军一触即溃，多少世受皇恩的文臣武将，跑的跑，降的降，独有周遇吉凛然不动，以死相报。明亡之后，福王在南京即位，追封周遇吉为太保，谥号忠武，列祀旌忠祠。宁武关战事很短，规模也不大，但这些丝毫不影响周遇吉本人“舍身取义”的价值。

大难当头而凛然护主的，往往是那些并没有得到主子多少恩惠的人，古来如此。龙城李广，其征战之地，大约与宁武关并不遥远。李将军一生战功多多，却偏偏难得封侯，以至于“李广难封”成了一个留传千年的谚语。然而，李广却是为皇帝家拼尽了一切，一次次救了亲征的皇帝之命。大难当头而率先舍主的，往往是那些常常能得到主子许多关怀的人，古来亦如此。

所以，亲信往往是小人，小人才可以成亲信。做一个小人，才可以做小人的事情，才可以让人亲信得了。大人物们，喜欢的也就是小人，可以投其所好啊，珠玉金石，犬马声色，投其好也。这是一般的小人。不一般的小人，如明朝开东厂的老板。

崇祯皇帝十八年在位，不可谓不聪明，不可谓不努力，他也想做事，也想强国，也想振兴。客观的说，他并不是个荒淫的皇帝，陈圆圆进宫了三天，天下失了三城，崇祯就从温柔乡里醒了，送美人出宫，专心治理国事。崇祯接手的就是个烂摊子，他的哥哥当了七年皇帝，一味重用太监魏忠贤一伙，有勇有识的文臣武将，杀的杀，逐的逐，满世界已是乌烟瘴气，明王朝早已摇摇欲堕。崇祯从死去哥哥手中接下玉玺时，厄运几乎已经不可逆转。更可叹的是，崇祯登基之后，虽然力图强盛，虽然清除了奸党，但想法和做法又一错再错。刚愎自用的他，不亲近的人是不用的，一个袁崇焕，何等的干才啊，就因为不是亲信，就因为皇帝的亲信们说了些坏话，让他起了疑心，一旦后金兵退，马上给杀了，而且是凌迟处死，剐了三天才让他死！崇祯对自己的亲信们，倒是给了不少好处的，给了许多重用的。然而，北京城破，李闯入主，崇祯步出宫门，环顾左右，仅有一名小太监相随。他曾经给以无数关照的亲信们，已作鸟兽而散，再没有一个周遇吉可以抵挡一二，再没有一个周遇吉可以让这个皇帝死得哪怕体面些。即便是攻入北京的农民军，士卒们也说："如果每一镇的主将都像周总兵那样，我们如何能够到达这里?"然而，毕竟再也没了周遇吉，崇祯的亲信们，不是笨蛋，就是软蛋，或者干脆就是坏蛋。没办法了，痛断肝肠的他，只好一个人流着眼泪，跑到煤山，跑到自己的后花园，吊在一棵歪脖子树上。这是唯一的结局——用生命，为自己的决定付代价。

历朝历代，繁华过后，总会裙带飞扬，任人唯亲，唯亲是任。如亲戚，是要首先任用的，皇亲也好，国戚也好，大加任用；而后是门生，学生也好，学生的学生也好，大加启用；而后是宠臣，用伺候自己的人，自己身边的人，太监也好，书僮也好，大加重用。周遇吉所从之军，本是主力，战力甚强，这支军队，曾在守卫北京时，多次击溃了后金大军，多次击溃了农民义军。然而，太多的官场子弟想从这儿得到升迁的台阶，太多的裙带往这儿飞舞，太多的笨蛋亲信们充斥新军，终于让这支原本强大的军队成了软蛋。明朝后期，太监监军，已成惯例。太监是什么人啊？也可以监军了，就是监视军队的行动，监视军队统帅的行为，可以秘报皇帝，可以打小报告，权力何其大也，都超过今天军队的政委了！坏蛋们成了军队的主宰。鸡犬可以升天，皇帝也到了升级天的时候了！明室之亡也，非亡于李闯，亡于皇帝之手，亡于太监之手，亡于亲信之手。

亲贤臣，远小人。蜀汉诸葛亮出师之际，临表而泣，其言犹在耳边。然而，亲贤臣何其难，远小人更何其难也！

一部中华历朝兴亡史，就是小人得道与失势的历史！小人失势则兴，小人得道则亡。兴，何许要几代人，而亡，一代就够了！

大清时代，宁武县有关周遇吉的历史遗存是当地的名胜。传说中，周遇吉的原墓地受到恢河洪水冲刷，有平毁的危险，这时却出现两座土山护卫坟墓。晋人张珉所著《记周遇吉将军》，对此详有记述。

冬天的宁武，好冷，县粮食局大院中，周遇吉的那点儿遗迹上，满是冰碴子，空气中凝固着逼人的寒气。陈旧的建筑，也是冷冰冰的，冷得就像一部沉睡的历史，让人颤抖！历史是沉睡千年的哲人，历史也是冰封千载的火焰，说不定某一天突然闪动在你的眼前，让你冷，让你惊，让你清醒！

没有清醒，就只有断肠。

冰与火的对决

——大清兵器天才的悲剧命运

一、天才末路

辽东半岛的冬天。

漫天飞雪，天地茫茫。没有飞鸟，没有走兽，山野死一样沉寂。世界在严寒中沉睡了。

只有他，一个花发的老人，在山脚下寻找什么。细而短的辫子，稀而短的胡须，沾着雪花和冰凌。他在寻找什么？他是谁？

戴梓。一个当世陌生的名字，一个后世莫名的名字。现在，老头儿在辽东半岛（今天的铁岭市）的这座荒山下，寻找残剩的玉米粒和榛子，好让自己度过这个冬天的饥饿。

没有人知道他是当朝最著名的兵器天才，没有人知道他为朝廷发明了连珠铳和子母炮，没有人知道他的名字已经让刚刚闯进泱泱大国的西洋人惊惶不安！

在他所处的这时代，连珠铳是早期的机关枪，这项发明，比西方人发明机关枪早了200年，这大约相当于上个世纪的中国发明了原子弹和核子武器！

在他所处的这个时代，子母炮是早期的开花弹，这项发明，和欧洲人的发明几乎是同步的，这相当于上个世纪的中国发明了卫星导航导弹！

然而，他，却在这个荒凉的地方，为冬天的米粒发愁！

三十多年了！他，一个兵器天才，在这冰冷的世界寂寞地挣扎着！

当他为自己冬天的米粒发愁时，大清帝国，也无法挽回地开始为自己后半生的命运发愁了。

二、天地杰作

戴梓出生在杭州钱塘江畔。他的父亲，是明朝的一名军官，也是明代火器的制造专家。很小的时候，他，就随父亲一起，在烟火浓浓的兵器厂玩着，也对火器制造有了浓浓的兴趣。父亲的火器制造有什么难事，他就上去帮忙，还真解决不少事儿呢。

天才自有天才的经历。

四岁时，父亲身为明朝的军官，和战友们一起，常常同海盗作战。有一次，父亲与海盗作战，肋部受伤，回家休养。四岁的戴梓，上前抚摸父亲胸前的伤口，愤激道："我真恨自己为什么不早出生几年，那样的话，我就可以陪着父亲一起上阵杀贼了！"四岁孩儿，竟有如此志向！

十二岁时，朋友聚会。戴梓当场作《咏淮阴台》诗。诗云："有能匡社稷，无计退饥寒。"报国之志，跃然而出。

后来，明朝完了，清兵入关了，大清国成立了。青年时代的戴梓，在西湖之滨，在钱塘江畔，写字画画，纵酒泡妞，过着那个时代有钱人家的公子们应该过的日子。

字画之余，他痴迷于火器制造。在自己个人的工作室里，他发明了一种连珠铳。这东西形若琵琶，一次可以将二十八粒火药铅丸装进铳背上的机关中，而且有两个击发机。到使用时，只要扳动其中一个击发机，火药铅丸就会自动落入铳筒之中，同时，第二机随之并动，石击火出，可以一连发射二十八发。旧的火器，用火药绳子点火发射。而这种新火器，用石击发，解决了风雨潮湿的问题。旧的火器，只能一次发射一弹，然后进行弹药装填。而这种新火器，可以一连发射二十八弹。可以想象，这种新武器的威力，比旧火器的威力一下子增加了不少。后人分析考证后认定，这就是早期的机关枪。而且现代一些搞军事史研究的人，更是认定说，这机关枪比西方人的机关枪整整早了200多年！

戴梓发明连珠铳后，当晚做了一个梦。梦中有人骂他说，上天有好生之德，你却要做这种火器，如果流到人间，你的子孙后代还能有人活下来么？大梦醒来，一身大汗。于是，他将这一新火器藏在家中，不敢拿出。也许，在戴梓的心中，还有一种中国文人士大夫的想法，那就是想将自己的发明献与帝王家，作为自己报国求功名的资本吧？一个喜欢火器的人，应该是喜欢出将入相的人。从心眼里，戴梓虽然也会写字，虽然也会画画，可是，他看不起这些小玩意。在江南，在杭州，写字画画，几乎是每个男人都会做的事情。而做火器，可不是谁都会发明制造的。

不久，三藩叛乱了。三藩，是清朝入关后加封的三个汉人王，他们分别是吴三桂、尚可喜、耿精忠。此三人在清兵入关时和入关后，立即投降，帮助清兵镇压明朝残部，立了不少功劳，因此，清朝皇帝为了稳住这些手握重兵的汉将，将他们分别在南方几省封了王。康熙年间，三位藩王先后造反了。南方的吴三桂指挥叛军一直打到了湖南，而耿精忠、尚可喜也纷纷策应，暂时的太平打破了，耿精忠的军队，眼看就要打到戴梓的家门口了！

康熙十三年（1674年），康亲王杰书，统兵征讨耿精忠，兵到浙江、福建时，康亲王杰书，听到了戴梓的名字，听到了他发明火器的威名，于是礼聘他从军。这一年，戴梓二十四岁。

面对叛匪，面对康亲王的礼遇有加，戴梓拿出了连珠铳，送给了康亲王。康亲王立即将这种新式武器用到阵前，打得叛军血肉横飞。戴梓本人也随军一起征打耿精忠，一共六年。六年下来，他，和他的连珠铳立功多多，康亲王便升他当了监军道，大约相当于现在军队后勤部的助理员之类。

南方叛乱初平，北方战事将起。这时候，康熙皇帝他老人家正忙着收拾天下，一大堆烦心的事情等着他的决定，一件事搞不好，刚刚入关的旗人，就可能被赶回老家。西北草原上的准噶尔部落，因为人丁兴旺，正准备着向东扩张。刚刚平定的三藩之乱，残部还没有完全清除。大清王朝那十几万旗人兵马，那一百多万的人口，还真应付不过来。这么点人口，一旦融进了中原，真的有点大海茫茫找不到北的感觉。紫禁城的康熙皇帝，十分着急，怎么样才可以以少胜多，成了他的心病。

就在这时候，康亲王领着戴梓回到北京。他们向康熙皇帝献上了连珠铳。更让康亲王高兴的是，康熙欣赏戴梓的才华，又让他制造更好的火器。

康熙二十六年（1687年）的一天，康熙皇帝决定亲眼检验新火器。

京郊的皇家猎场。正午阳光之下，猎场龙旗猎猎。

戴梓着了官服，指挥兵勇，演示新火器。早在一年前，康熙皇帝就命他的西洋顾问造一种威力强大的新式大炮，可是，洋专家们拿了高薪，却没有高效，整整一年，无法造出。康熙只好又令戴梓试试。结果，戴梓只用了八天，就给造出来了，命名子母炮。

演示开始，只见每一炮弹打出，炮弹炸开之后，片片子弹从天而降，锐不可当。

康熙皇帝高兴极了，连声说OKOK！这两声OK，是有来头的，因为康熙皇帝已经重金聘请了西洋人给他当顾问，所以，他应该是可以说几句洋文的，比如最最简单的OK，当是会说的吧？康熙在想，西北边的草原人想搞事，咱不怕你了。想来，正好试试咱的火器。嘿嘿！皇帝一高兴，就下了命令：命名子母炮为“威远将军”，将戴梓的名字刻在炮身上，以示表彰。

连珠铳和子母炮这两样火器，以今天的眼光看，实在简单。不过，在当时，可真的是惊天动地的事情。草原上的军人，几乎全体用着刀和箭。即使是欧洲那些个走向近代工业的国家，火器也真的不怎么样，跟咱就在一个水平线上。谁怕谁呀？

子母炮是什么玩意儿啊？我查看了照片，查看了资料，查看了出土文物。炮长二尺一寸（0.672米），有点像迫击炮的样子，重150公斤。既比过去的老式大炮小，又比过去的老式大炮轻，方便带走移动。炮弹重10到15公斤，炮弹不再是过去的实心弹，而是在炮弹内装了火药和铁片。每次炮弹打出，会在敌军阵前开花，无数弹片在敌阵上横飞，威力了不得啊！这实际上是中国最早的可以发射开花弹的大炮。

连珠铳，这又是什么玩意儿啊？我没法子找到照片，当然更找不到出土文物，据说这种火器因为太过先进，太过厉害，后来竟然让大清皇帝封杀，以致到乾隆年间失传。根据当时记载，这种连珠火铳，铳背就是弹匣，可以贮存28发火药铅丸（铁丸也可以）。铳的扳机有两个，互相衔接，扼动一个扳机，弹药自己落到筒中，同时解脱另一扳机而击发。好家伙，这在当时，可了不得，当敌人拿着冷兵器从远处冲来时，你可以连续发射，真比现在的核子武器还要厉害哦。其中的原理，和现代机关枪完全一样，只是因为原料不如现在，工艺不如现代，所以这玩意儿也远不如现代的机关枪。不过，西方人一直到200年后，才想到发明这种可以连续发射的机关枪！

这两样东西，是戴梓他早期发明的大规模性杀伤武器。

两样火器，堪称天地杰作。

三、天才奇技

戴梓不光会自己发明火器，对外来的新式火器，也是一看就明白，看明白了就能仿造出来。

日本人自元朝以来，就开始看不起中国人了。所向披靡、纵横欧亚大陆的元朝军队，曾两次派出海军登陆日本挑战，结果两次均以惨败告终。或许马背上的民族实在是不谙水战吧？从这以后，曾经十分惧怕和崇敬中国的日本人，开始牛起来了，开始根本不把中国人放在眼里了。到了明代，他们不停地派出由流氓团伙组成的特种部队，袭击中国东南沿海，即史称为“倭寇”的东西。康熙年间，已经很看不起中国人的日本人，带来他们的新式火器——鸟嘴枪，来显示武力。康熙看了，有些不悦。一个小小的日本，也敢看不起咱天朝大国？也敢拿几样火器来夸耀？得，快叫戴梓来吧，让他看看是什么东西。戴梓来了，看了看这火器，然后对日本人说：“没什么了不起，咱中国早就有了。”其实呢，大清国那会儿还真没有这种东西。

好吧，你说你有了，那你拿来看看？日本人说。

康熙知道自己没这种火器，只好用眼神看戴梓，让他想办法。

戴梓说了：“七天，七天后，拿来给你们看。”

果然，七天之后，戴梓拿着鸟嘴枪来了，和日本人的火器几乎一样，不同的是，工艺更先进！本来么，戴梓对火器过目不忘，只要看上几眼，回家就能给你造出来！

明朝时，称霸海上的荷兰人，曾一战而败给了中国人的火器，心里一直不服气。红毛子们回家之后，不知道是不是天天躺在干草上舔苦胆（我不知道他们会不会学中国人搞什么卧薪尝胆?），潜心研究，又搞出了一种新式火枪。到康熙年间，他们拿着新式火枪，到北京城向皇帝展示和夸耀。康熙又不悦，还是让戴梓想办法。结果，戴梓只看了荷兰人的枪一眼，回家也只用了八天时间，造出了一模一样的家伙！

由戴梓发明和仿造的多种火器，一一被康熙用到军中，用到国内战争中，威力发挥到了极致。

康熙三十五年（1697年），康熙亲征准噶尔，带着戴梓发明的火器，真的是锐不可当啊。一次战斗中，康熙命令炮营向敌营开炮，子母炮大发神威，只三发炮弹就炸坏了敌营，终于大胜。

后来康熙攻打台湾，又是凭借这些火器，一举收服台湾。

有了这些火器，康熙牛得不得了。他下令军中，动用全国最好的生铁，大量赶制子母炮。对于连珠铳，康熙就不那么热心了。因此，大清国的军队，一直到后来，始终没有成建制地装备连珠铳，只有子母炮，装备很多，也因此留下了不少文物可以让我们一睹尊容。康熙只发展子母炮，不发展连珠铳，是什么原因？可能他觉得，子母炮又大又重，不会传到民间，即便你个人想拥有一个玩玩，你要使用起来也很难，一百多公斤重的家伙，你三两个人怕是推都推不动吧？可是，连珠铳这种东西既轻便且厉害，方便携带方便使用，如果传到了社会上，如果传到了反对派手上，怕是不利于和谐社会的建设发展吧？所以，康熙老兄不再让人制造连珠铳，只让制造子母炮。在装备子母炮时，康熙也没忘记下一道命令：汉人军队，一概不许装备这些火器！

国内战争结束后，康熙觉得，身边的这个兵器天才，似乎也没有多大用处了。这样吧，让他到翰林院去编书吧。于是，兵器天才戴梓，开始了他的文字生涯。

戴梓，在当时的中国，是个奇迹。如果重用了他，中国的命运，清的命运，也许不会如后来那么悲惨？

但是，大清并没有真的用好这个人，没有用好先进的技术。一直到乾隆，仍然没怎么用。乾隆时的大学士、相当于大宰相的纪晓岚，写过一本《阅微草堂笔记》，将戴梓的这些发明，作为好玩的东西记了下来。我们看看吧——

关于连珠铳，他写道：

“形若琵琶，凡火药铅丸，皆贮于铳背，以机轮开闭，相衔如牡牝，扳一机则火药铅丸自落筒中，第二机随之并动，石击火出，而铳发矣，计二十八发，火药铅丸乃尽，始需重贮。”

纪先生是作为好玩的东西记下来的，不是作为重要的东西记下来的。他记这些东西时，这东西尚没有失传。如果他真的认为是国之利器，那为什么不找人仿造甚至大量制造呢？

纪先生也只是个文人。要知道，那些个只会读四书五经的酸文人，根本是没有什么见识的，只会给帝王家补点诗啊词的，根本不是现在电视剧上的那般能干和明白。所以，纪先生，也不能幸免，也只是一个没有什么真正见识的酸文人。看看他老人家的这本《阅微草堂笔记》，我们就知道，他老先生记了很多的鬼呀狐狸精啊什么的。至于新火器的发明和使用对国家对民族有多么重要，他没有想到过。如果他那会儿想到了，晚清被人家痛打时，也许还会有还手之力哦，可惜没有。

四、天妒英才

刚开始时，戴梓发明火器有功，康熙皇帝给他的赏赐是南书房行走，这个职务，相当于现在中南海领导人身边的秘书。但在大清时，一些官员得到这个赏赐，只是得到一个名誉，一种职称，并没有领导人身边某些秘书那么大的权力那么大的派头那么大的胆子那么乱的作为。

然而，就是这么个虚名，也引起了一些人的嫉恨。其中一人就是南怀仁。

康熙的身边，有一些来自西方的人物，中国近代史上，记录很多的。其中一个人，大名是南怀仁。他，应当是近代中国引进的较早的洋专家了。

洋专家和戴梓这样的土专家，有时也会比武的。据说他们真的比过几次。

一次是西人带来一种新式的火炮，康熙十分喜欢，就让南专家仿造。这位专家搞了很长时间，就是搞不出来。后来有人提出让土专家戴梓试试，结果，仅仅八天时间，土专家载梓还真的捣鼓出来了。这一回，真让南专家气歪了大鼻子。

又一回，洋专家不服气，要和土专家比比日食的推算。众学者推出了戴梓。他们那一天要测算日食。结果，洋专家测算的时间到了，日食没有出现。片刻，土专家戴梓测算的时间到了，日食准时出现……

好了，有此二比，洋专家南怀仁真的气了，急了，有了危机感。这人在西方，本来是个十足的三流货，在他自己的国家，他那点本事，恐怕要找个工作糊口都难。可是到了中国，却一下子大把大把地赚银子。这样的人，在我们前几年改革开放的早年，我们也是见过很多的哦，那些个在自己的本土混不下去的洋人，不都跑到中国来一手捞人民币，一手泡中国的女明星么？被捞走的人民币，没长嘴巴不会说话，也就罢了。那些个被泡过的女明星，有张嘴巴笨得可以，洋洋自喜地写书说什么“外国的男人就是比中国的男人好”。只是到吃了无数的苦之后，才会很不愿意又十分委屈地说，哎~~呀~~啊~~（有点像京剧那样拉长了声音道来），那些人原来是老外中的垃圾！

其实，这样的洋垃圾，在今天的中国，依然比比皆是，前些天，我带着儿子，想找个外语学校补习，经人介绍，来到一所著名的民营外语培训学校。校方说，他们这儿有许多教师是老外哦。我猛一看，真的金发碧眼多多，可是，他们除了因为水土的原因，因为生长环境的原因，发音较准之外，毫无学识，有些人好像只有国外的高中毕业！后来我托人一了解，这些个洋外教，有的连高中毕业的水平都没有哦，有的人品很不好坏毛病不少哦，幸亏没有让我儿子到那儿补习，想想真有些害怕哦。

啊哈，这些人，我想就是南怀仁的后代了吧？

洋专家南怀仁连输两场，真的急了啊。

洋专家急了，也是什么事都做得出来的。洋专家急了，更无顾忌，反正国家不是他的国家，人才不是他的人才，你的国家兴亡与他无关，只有银子最重要哦！万一翻了脸，大不了拍屁股走人！

如果真的只是拍屁股走人，那也不错，起码还算知道什么是荣什么是耻啊。可是，人家不走，就要跟你玩到底。

南怀仁嫉妒了，作为皇帝的顾问，他有许多机会告状。他给戴梓列了一个大大的罪名：通日本！要不然，他怎么会制造日本人的火器?!

康熙是聪明的，不然怎么可以成为十全老人？又不然怎么会开疆拓土？

然而，聪明的康熙，最后却作出一个让他的子孙们用命运背负的决定：流放戴梓，让他到极苦极寒的辽东，永远不得回京！

康熙这么做，有他自己的原因：国内大敌已去，要这种新火器做什么？目前并没有什么大敌出现，火器嘛，不那么重要了。如此先进的火器，如果任其发展，如果流入民间，如果流入敌手，那怎么了得？想到这，康熙出了一身冷汗，暗自庆幸洋专家找了个好理由，可以远远地流放戴梓。

所以啊，不是南怀仁一个洋专家误了戴梓，误他的，是康熙，是皇帝，是中国人视之为天的东西！

天妒英才，英才就彻底玩完了！

五、天朝悲哀

火器，是近代西方国家强国的利器。

向以天朝自居的中国，也是有火器的，而且很早就有了，而且并不比他们的差。

戴梓的父亲，在明朝为官时，就是火器专家。

明朝时，中国的火器，比西方的火器，略胜一筹。明代的火器，有近百种，地雷，水雷，喷火筒，手枪（手铳），大炮，散弹铳（上个世纪我们在乡村经常可以看到的鸟铳），那时候已经装备到军队，作为军队的常规武器了。

在明朝第三任皇帝朱棣的时候，明代的火器，应该说比欧洲是先进的。郑和下西洋，兵丁并不多啊，可是，这位海上远征军总司令，几乎是所向披靡，一直打到非洲，全无对手，所依靠的，就是他们比各国先进的火器，这才可以以少胜多。朱棣皇帝因为位置来得不怎么名正言顺，他毕竟是夺了侄儿的位才得到皇帝位置的，所以，这位爷十分的敬业，害怕当不好皇帝而落个千古骂名，因此，样样要创新，火器亦要创新。于是，才有了明初火器的突飞猛进。如果，仅仅只是如果，如果就这么一直干下去，也许，我们的火器，早就领先当今的世界各国了，还用得着到了今日拿着钱哭着喊着要买人家的东西、还看人家的脸色么？

明朝中期，政治腐败，当权者不思进取，火器发展有所停止，但也并不落后，毕竟咱们曾经是领先的嘛。但万历年时，火器发明得更多了，什么快枪，多管铳，大炮，早期的火箭，多管火枪，都已发明并装备军中。

因为火器多了，军队也向近代化转变。专业兵种开始出现，用大炮的，叫神机营；用车载炮的，叫车炮营；用火铳的，叫火枪营。全军用火器的，大约已达到了百分之二十。

中国军队与西方军队的战争，从明代后期，就已经开始了。那时候，在欧洲横行海上几无对手的葡萄牙、荷兰军队，跑到了咱家的大门口找碴，明朝海军一出战，就让他们大败而回。咱的火器好，没法子不打胜仗。

明亡，原因很多，如果没有火器，他早就玩完了。就因为火器，他才坚持了那么多年。明后期，一是天灾，二是人祸。十六年大水大旱，荒野千里，没吃的了，农民就会反啊；十万太监当政，干臣尽灭，没人用了，朝政就会完啊！明之灭亡，清之兴起，是个偶然。明确地说，清，北地一个小而愚的民族，能够占了大明的万里江山，实在是天上掉大饼，白拣了一个大便宜！

清与明，在辽西大战十八年，明的政治经济已经玩完了，可是，清，就是胜不了，为什么？因为火器！

清入了关，坐稳了天下，心态就变了，如戴梓这样的人，也许不重要了，也许是危险分子了！

坐稳了天下的人，心态的变化，往往很健忘，往往很容易忘记，忘记自己曾经的艰难。清，就是最典型的。他们忘记的事情，太多太多——

他们忘记了十八年打不下辽西这么个小地方，大队的人马，在明朝军队的火器面前死的死，伤的伤。

他们忘记了太祖努尔哈赤被火炮打成了残疾人，回到家不久就玩完了。

他们忘记了太祖努尔哈赤临死前对他们说过，千万要当心明军的火炮，那玩意儿太可怕了，娃娃们小心啊。

他们忘记了正是汉人的火器，帮助他们平定了国内的叛乱，打掉了周边的麻烦。

他们忘记了……他们忘记了自己还要干什么了。

坐稳了天下的人，心态的变化，往往很容易沉醉，沉醉于自己过去少许的成就。清，就是最典型的。他们沉醉的事情，太多太多——

他们沉醉马刀，入了关，当了中原之主，他们在太阳光下，看着广阔的原野哈哈大笑，就是这东西，让他们征服了这么大一个中国。

他们沉醉弓箭，举起一张张破弓，纵马在肥沃的土地上狂奔，看着远远躲开的汉人哈哈大笑，就是这玩意儿，让他们征服了比自己多N倍的汉人。

他们沉醉于自己的八旗军制……

他们沉醉于自己的什么也不会什么也不懂什么也不愿意学！

清，真的是中国历史上最落后最无知最愚昧的一个王朝。

坐稳了天下的人，心态的变化，往往很自私，自私于自己的家天下会不会有什么危险，往往会从自己很小的地方想事儿，担心有人会用什么新东西对付自己。

坐稳了天下的人，心态的变化，往往很固执。

坐稳了天下的人，心态的变化，往往很无知。

自私，固执，无知，愚昧，这样的人，不落后才有问题呢。

六，天作之孽

天要灭戴梓，谁也没有办法。虽然朝廷有许多人希望留下他，可是，天意谁敢违啊？

大清一代，官员们保身家、求上进的唯一法子，不是多想，不是多说，不是多干，而只有一个：只说是，或者只说“喳！”，别用脑子想什么！在大清朝做官，只要做一只憨憨的猪就行了。

于是，正值中年的戴梓，带着家人，被流放到辽西的铁岭。

他知道不会再有人用他了，他知道他对火器的精通，已无了用武之地。一个文人，一个专家，他能做什么呢？每天写写字，有时候画点画，卖给附近的人，混口饭吃。在破屋子里面，这老头常常对着自己的字画叹气，说，这东西是人人都会，有什么用啊？能挡枪子儿吗？能打敌人吗？能救国家吗？没有人回答他，也没有人听到他这样叹息。

有时候，没有人买他的字画了。他，就只好到野地里，找点儿农家收割时丢下的玉米，找点山上的榛子，填填自己的肚皮。

戴梓被赶走了，清，他的武备，也开始日落西山，一次次让人打得满地找牙！

英法联军不过几千人，而北京周围的守军，有十多万人，大量的火器锁在仓库之中不曾动用。拿着大刀和长矛的军人们，听到炮声四散而去，看到排枪争先跑掉，区区几千人，追赶着十几万大军如入无人之境。

八国联军打进来时，与英法联军打进来的故事，几乎是一样的。

戴梓去后，中国的火器，成了中国近代史的一个死穴！

虽然有政治腐败的原因，虽然有经济不良的原因，但是，我们每一次都会在火器上吃太大的亏！日军入华，蒋介石恨恨地说，我们的火器，实在不能与之一敌！常常是几个集团军的人马，围住了区区万人的日军，却无法完全取胜！美军入朝，我们的志愿军以整军的兵力围住一个营的美军，却怎么也干不掉人家，因为火力实在相差十万八千里，只好眼看着人家突围而去！

戴梓的命运，成了近代中国命运的一个缩影。

统治者，当权者，总是最不愿意看到创新的事物的，他们对创新有一种本能的生理排斥，有一种本能的生理厌恶。排斥和打击新事物，包括新的思想，新的制度，新的技术，在中国的近代，这实在是天作之孽！

从清到民国，戴梓，几乎是唯一的一个兵器天才，此前没有过，此后没有过。从晚清到民国，是中国国运的一个节点，一个大转折。这个时候，如果是在春秋战国之时，像戴梓这样的天才，是会受到重用的，此国不用，彼国必用。然而，他生不逢时，无人用他。本当为国之利器的他，却被当做破帚把丢在荒山野地之间。

自毁国之利器，天朝自己作孽！自作孽，岂可活?!

后人评他：磨剑半生虚售世，著书千载枉惊人。

这，不也是近代中国的切肤之痛么?

七、天将何往

戴梓在辽西的铁岭生活了三十多年。三十多年，无人问他，无人理他。一个兵器天才，寂寞在风雨雪霜之中。

三十多年后，戴梓得到赦免，但已78岁。等他踏上返回北京的道路时，大清国眼看就要风雨飘摇了。

还好，戴梓死在回家的路上，他并没有亲眼看到大清国一次又一次在火器面前的惨败。否则，老头儿非给活活气死不可！

大清的后半个世纪，其实一直在挨打，一直在挨打之后充胖子，一直在充了胖子之后继续挨打。

他就这么在那儿支撑着，就像一个在拳击台上被对手打得无法还手无法自卫无法喘息的人，还要在那儿支撑着。你看着他支撑的那种难受样，你会比他本人更难受。所以，他早点倒下，早点结束，早点死亡，也许是唯一最好的解脱。这样的话，他自个儿轻松了，看的人也终于松了一口气！

大清，搞到最后那一步，不怪别人，只怪他的愚蠢。明朝留下的近代工业遗产，他完全不要；几次从海外传来的先进制度，他不选。连戴梓这样只问技术不问政治的天才，他都不能重用，大清这架政治机器，还能支撑么？

中国人遇到大难，喜欢问天。天，会回答你么？天将何往？天知道！

一个人的命运，是一个时代的缩影。戴梓倒霉，碰到那么个时代。时代，什么时候可以变呢？

时代之变，自大清以来，是有许多次机会的。从没有哪一个时代，如近代中国一样充满了变革的机遇。维新运动，洋务运动，新文化运动，民主宪政运动，好多好多机会，一一与我们擦肩而过。唉！

历史给了行将就木的慈禧一次机会，康梁等人要搞维新了，要变法了，大清不要，他要杀维新党人；历史给了手握重权重兵的袁世凯一次机会，民国了，宋教仁要搞民主议会制了，历史给袁大头做一次华盛顿的机会，他不要，他要当皇帝；历史给了刚刚上台的蒋介石一次机会，全国统一了，可以仿效美国式民主了，他不要，他要独裁无胆、民主无量……错错错，一错再错。就是有再好的火器专家，经济专家，你又奈何？

制度创新，是技术创新之母。陈旧的制度，是冷若冰霜的东西，而四围的变化，却如火如荼。我们对这一切漠然，用冰冷的心，用冰封的制度，面对如火扑面的变化，我们不落败，谁落败?!

冰与火的对决，该决出胜负了。

出不入兮往不返

——清末一个武举人的选择

刚上小学的时候，父亲拿出一本古旧的书，书页早已发黄，油黑的线，串着一页页暗黄的纸。父亲翻出其中的一页，让我读诵，让我背诵。熟了，我才知道这是屈原的《国殇》。诵读这辞，每每念到最后的几句，父亲的眼神便会洋溢着一种激昂和悲壮。因此，最后的几句辞，牢牢留在了我的脑海："入不出兮往不返，诚既勇兮又以武，身首异兮为鬼雄！"虽然小小的年龄，并不明白这辞的内涵，但却能于朦胧中感觉到辞的慷慨激昂、悲伤苍凉。

时间让我成长，阅历让我成熟。成长和成熟的我，每每品味着屈大夫的这首《国殇》，每每回想父亲的眼神。父亲那是怎样的眼神呵！我读，我猜，我也体会着。

父亲70高寿的那一天。70高寿的父亲，在家中迎来了他的亲朋好友。我也千里迢迢返回江汉大平原，为我的父亲祝贺生日。夜幕降临，亲朋散去，幽幽的灯下，老父没有睡意，与我隔一张方桌，对面而坐。父亲的眼睛已经苍老，父亲的头发已经全白，父亲的皱纹已经满额。可是，父亲的眼神却没有老，没老的是眼神里的激情，就像他教我诵读那首《国殇》一样！

“说不定哪一天，我就不在了。”父亲的语调是沉着的，是经历了人生悲喜后的那种镇定和冷峻。

“如果我不在了，你还会知道我们从哪里来？你还会知道你的家族和血脉？”父亲说。

我无语。无语的我，静听老父的故事。

一个家族的故事，在江汉大平原的黑夜中伸开他的翅膀，凌空翱翔！

清末，风雨飘摇。我的曾祖父在江汉大平原的沔阳州辗盘山，豪门大院，富甲一方。如果就这样平安地生活下去，又会是怎样的结局呢？

南方人语：穷文富武。这是说穷人家的孩子可以读书，读书耗资不多；只有富家子弟，才可以习武，因为习武太需要钱财，光是家聘拳师，聘金就得用箩筐装银子！曾祖父选择了日习文，夜习武。他的父亲给他请了两名拳师，常年练习，身手不凡。江汉大平原的男儿，个个都怀着报国的热望。20多岁的时候，曾祖父参加乡试，考中武举人。清朝末年，武备废弛，因武而成为举人，曾祖父名动一方，很快戴上了红顶子。

楚地的儿郎，远远不是一官半职，可以快慰平生的啊。在家国之间，他们总是将国放在前面，将报效国家放在个人和家族之上。成为武举人的曾祖父，戴着红顶子离家了，当官了。家人们知道，他终于可以以一身之所学报效国家了。

日常的生活总是平静而又平淡的。曾祖父做着他不大的武官，很少回家，家人也从未到他为官的地方省过亲。清律严酷，为官须到千里之外，外任官员不能携带家属，何况曾祖父又是带兵的人，军营之中，更容不得亲属子女。

曾祖父偶尔返乡探亲，要么是到湖广督府办差，顺道回家歇息一两天，要么是老人寿辰，匆匆回家磕头拜寿。他的儿子们所记得的，是他风里来雨里去的身影，是身影的魁伟和挺拔。

日子就这样平平淡淡地过着。平淡的岁月，恰恰隐藏着、孕育着惊天的风暴。

朝廷腐朽，列强掠夺，民不聊生，南方的反叛时时发生，各种反清的地方组织如雨后春笋，仅湖南黄兴早期所掌管的地下反对党，就有数个。这些反对党均以“会”为名，以“会”结盟。身在军营的曾祖父，和他的一些同僚们一样，秘密入“会”了。

据说是秋天的一个晚上，曾祖父的友人送信上门，告知他已战死在外，又告知家人，朝廷大军就要来了，能跑的就跑吧！朱门大院里的老人们，一时不知所措。曾祖父三个年少的儿子，没有来得及哭泣，匆匆地离开家人们，逃往洪湖。辗盘山紧靠大洪湖，茫茫湖水之中，当是可以藏身的处所吧！三个儿子分成三路，各奔一方。长子16岁，逃往他尚未成亲的媳妇家。次子14岁，逃往洪湖，打鱼为生。幼子12岁，同大哥一样，逃往他未过门的媳妇家。罗家的老人和女人们也许商量过逃亡，也许没有，一切不得而知。

据说第二天的凌晨，大队人马包围了曾祖父的家，结局已经注定：满门抄斩，鸡犬不留！万幸的是，曾祖父的三个儿子已经逃离。

时至如今，我的老父，我，我的家人，一直没法明白曾祖父到底是怎样走上那条不归路。

曾祖父上任两广，官职为何，我的老父记忆不详。父亲依稀记得，他老人家参加了“光头会”，通俗的说吧，就是丢掉了红顶子，剪去了长辫子。清朝，剪去长辫子，那是死罪呵！我的曾祖父就这样做了，以一头精光的脑壳，迎向清廷的刀枪剑戟。“光头会”是早期同盟会在民间的一个分支。因为参加的人，都会剪去象征清朝的长辫子，都会义无反顾地以反满灭清为己任。曾祖父凭着一身的武功，满腹的学问，从清廷出走，投身到了反叛的行列。

我们这些平庸的后人，不知道他老人家参加过多少次的暴动和起义，不知道他老人家经历了多少次的生死与搏斗，不知道他老人家尸骨葬在了哪一片青山！我们这些平庸的后人，享受着凡俗的生活。凡俗的生活中，我常常想到那个关于上帝的故事。上帝怜悯世人之苦，将自己的肉身化作食物，将自己的血液化成饮品，赐给世人，世人从此温饱。清末民初，国难当头，有多少如曾祖父这样的仁人志士，就是怀着这样一颗上帝般的心，怀着上帝般的心去赴死，血肉融入泥土，筋骨葬入青山，精神植根万世！

灭门之祸的那一个晚上，罗家的豪门大院里，没有传出女人的哭声，没有传出老人的乞求。也许他们知道，他们知道一家人注定要为一个人的选择承受一切，即使用生命去承受！辗盘山的罗家豪门大院，从此夷为平地，再不复有一丝的痕迹了！留下的，只有消失在苍茫夜色中的三个儿子的身影！

三个儿子没有继承一文一厘的财产，却继承了他们父亲的勇敢和刚毅。大儿子成亲后，自立门户，当私塾教师，育人多多。他成了我的祖父。次子成人后出走，转辗往复，投身到了革命队伍中，后来成为革命老区洪湖地区的一名地区党委书记，文革后期病逝。幼子的岳父母很快家道中落，他没有来得及接受教育，流浪乞讨，终身未娶。

我曾经许多次试图寻找曾祖父的踪迹。我到洪湖，到湖南，到传说中曾经暴动的地方。青山依旧，绿水长流，而先人们的踪迹，已不知所在。我也曾查找有记载的书典，查找那个年代挺身赴死的英豪，然而，许许多多的先烈，竟没有留下名字，他们成了一个个无名英雄，永远没有人知道他们的英名，永远没法子查到他们的英名。父亲只记得他的父亲讲述的只鳞片爪，只鳞片爪却也可以折射出巨龙的影子。曾祖父读书最爱屈原，习武最喜长枪。看屈原而知忧国忧民才是大忠大义，喜长枪才知攻城破敌方为报家报国。曾祖父在家时，常常给他们的儿子们背《离骚》，诵《涉江》，而读的最多的就是那首《国殇》。曾祖父闲暇时，常常给他的儿子们演习棍棒，示范刀剑，而传授最多的，就是他的枪法。

先人已矣，楚辞依旧。

“楚虽三户，亡秦必楚。”先秦楚子曰；

“天下不可一日无两湖。”清时士子曰……

行走在茫茫的荆楚大地，仰望着茫茫的银河两岸，无数的星星，像先辈们晶亮的眼睛，俯视着我们的脚步，逼视着我们的灵魂。冥冥之中，他们知道我们在做什么，知道我们还要做什么。在他们的眼神里，忠义是千秋大事，侠义是万古青名，赴难舍身算什么？屈大夫的那句辞，是他们永恒的写照。出不入兮往不返，诚既勇兮又以武，身首异兮为鬼雄！

朗月清风游侠心

朗月清风的晚上，我总会换上宽松的衣服，蹬上粗布的鞋子，悄悄来到某个宁静的公园，一招一试，演练曾经演练了三十多年的拳法。我知道，我的一招一试，都在重复着他的影子，甚至连呼吸和意念都与他相似。他是我的启蒙师傅，一位身经百战而又宽厚善良的老人。如今，虽然他早已仙逝，可我却永远不能忘记他给我的一点一滴。

一

八岁那年，准确地说，是我吃罢母亲煮的八岁生日面条后的晚上，父亲从他工作的外地赶回家，拉住我的手，拉着我到他的书房。

我家住的是老祖宗们留下的老房子，房子在江汉大平原的凤凰河边。屋顶高大的房子，里面是清一色的红杉，粗大的整根红杉列成排，作为房屋的支柱和骨架；宽厚的红杉木板，作为屋内的内墙；四周厚实的砖墙内，还有碗口粗的红杉做成的栅栏。后来有人说，这房子大概是清朝道光年间留下的。历史上的江汉大平原，匪患丛丛，水灾连连，所以，爷爷辈的人们，用木做房架以防水灾，以木做栅栏以防匪贼。只是由于解放后拆除了房子周边的配套建筑，唯一保留的这座老宅，已经不大，书房也很狭小，堆放了许多老旧的书籍。老旧的书籍，或躺或立，静静的，在他们该在的地方。昏而暗的油灯下，一个影子，静坐在书房的一角，静听父亲对我即将开始的教诲。

在我童年的记忆中，我的父辈们从来没有责骂过我，更从来没有体罚过我。每当我惹了祸，犯了错，他们总会将我带到这个小小的书房，隔一张桌子坐下，慢慢地对我讲述某一段历史故事，讲述某一个历史人物，让我从故事中明白我的错。这样的时刻，我会诚惶诚恐，我会战战兢兢。他们的每一个字，每一句话，落在我童年的心上，比任何鞭棍的抽打都重呵！我童年的记忆，几乎就是在书房谈话的记忆。我童年记忆中最惧怕的事情，也是书房的谈话。

八岁生日的这一天，父亲专程回家，带我来到小书房。我的心忐忑不安。今天，这个月，我并没有出什么错，也没有犯什么事，父亲为什么要和我谈话？我在猜测。

“今天你八岁了。”父亲说。凝重的眼神里，闪过一丝难以察觉的怜爱。

“八岁该做什么？”父亲在问。

我一时想不起该做什么。我是家中的长子，没有哥哥做榜样，八岁的我该做什么？我小心地摇头。

父亲叹了一声，很轻。我知道他有叹气的习惯，大约怀才不遇的人，都会常常这样叹息。父亲的这声叹息，应该不是对我的责备。然后，父亲端着油灯，从屋角请出那个影子。

影子径直走到书桌前，坐在父亲坐过的椅子上。我看清了，哦，他是我的外公的堂弟，是远近闻名的拳师和大侠！

“从今天起，我是你的师傅。”影子说。师傅姓左，讳召炎。昏暗的灯光下，他形容枯槁，双目炯炯有神。简短的拜师礼仪之后，师傅、父亲和我，走出书房，来到我家的大堂。

二

时值隆冬，滴水成冰。南方人家，居无暖气，屋内冷风如刀。师傅要我脱去棉衣，只剩下身上的单衣单裤。我冷得浑身哆嗦，直哈凉气。我的第一课，就这样开始了。第一课的内容，有些枯燥：站桩，也就是扎马——双脚分开平放，大腿和小腿成90度直角，稳稳蹬在一条长凳上，双臂平伸向前。

冷风吹来，我要保持这种姿势，不能动弹。师傅就在身后，父亲坐在身前。我不能选择逃避。咬着牙坚持吧。

不知道过了多久，不知道蹬了多长。总之，当我从长凳上跌下来的时候，我已经神志不清。第二天醒来，我已经躺在床上，腿疼、头晕、口渴。师傅坐在床沿上，端着气味刺鼻的中药汤，往我的嘴里灌。原来，第一课的我，被冻成了重感冒。

父亲一大早就赶回他工作的地方去了，师傅成了我的医生，负起照顾我的责任。还好，江汉大平原的拳师们，都是中医的高手，这点小病，真的算不了什么。

师傅说，这样病一次，以后就不怕冷了。

因为卧床不起，师傅教我背一些口诀。

“这是你们家的口诀，你应该先背会它。”师傅说。

背课文一向是我的强项。一碗药没喝完，我就已经将这口诀烂熟于心，如今依然记忆清晰。

八岁扎马九岁拳，十岁棍棒锁刀剑。
龙爪虎步燕子行，三守丹田铸坚城。

这是家传的口诀，也是家族子弟习武的启蒙诗。江汉大平原的许多人家，都依然保留了尚武的风俗，流传在江汉大平原上的传统拳术，也都是在一个个家族中流传。每一个村落，往往是同一姓氏的族人居住着，他们共有一个祖先，也会共有某一种传统的拳法。邻村的陈家湾，拥有他们相传已久的陈家长拳；邻村的左家台，拥有他们传统的左氏短打。罗家，当然也有自己的武术。只是我的父亲很早弃武从文，已经没有可能教我什么了。所以，他请来了左家的师傅，因为左家是我母亲的家族的原故吧。

这一天，我到了八岁，所以要练扎马了。

扎马站桩，是练习武术的最基本的功夫，练的是腿力，是腰劲。八岁练扎马，几乎没有拳上的动作，好单调，好无聊。九岁开始练拳，才有了些趣味。这期间，师傅陆续带来两名少年，作为我的陪练，也是我的师弟。

三

上个世纪六七十年代，江汉大平原的日子，清贫如洗，生产队产出的粮食，大多被收缴上交，人们食不果腹。每天白天，我们要到学校上课，练武功全部是晚上的事情。每天晚上，我们喝上几大碗稀粥，脱掉厚衣服，开始练习。极度的疲惫，极度的营养不良，让我和师弟昏倒过，我记不清到底有多少次了。每一次，我们都是被师傅的大手拉起来，在师傅熬的中药汤中恢复了元气。后来，师傅让我的母亲买来许多肥肉熬出猪油，又将大米炒熟，磨成粉末。每天晚上，母亲用米粉、开水拌猪油，做出一小碗，作为我唯一的营养品。当然，我的师弟们也同样可以吃上一顿。

时至今日，我仍然对浓郁的猪油香情有独钟。许多次，母亲和我们都要求师傅吃上几口，但他始终不肯。师傅十分瘦弱，干瘦如柴，像一阵风就可以吹走。可是，猪油和米粉，实在是那个时代的奢侈品，他老人家是绝对舍不得品尝一口的。那时候，我们吃罢猪油米粉，小嘴上油汪汪的，武打中扬起一阵阵的灰尘。休息的时候，我们的小手抹着额上的汗，抹着嘴上的油，抹着面上的土，脸上经常弄得白一块、黑一块，像唱京剧的脸谱。这时，师傅便会对着我们哈哈大笑，而年少的徒弟们，也会兴奋起来，你给我一拳，我还你一掌，清苦的岁月中，也洋溢着无限的快乐。

师傅教我们的第一套拳法，是南拳唐手，据说是唐代一位大侠传下的套路，全是贴身短打、空手入白刃的功夫。师傅教我们的第一套刀法，是地镗双刀，近战肉搏，滚地而行，斩敌脚于无形之中。年过花甲的师傅不仅有传神的功夫，还有传奇的经历。早年，他老人家行走江湖，是位青年游侠。抗战爆发，日寇侵入中原，我的外公弃学从军，投奔国民革命军128师。128师驻守江汉大平原米粮之仓，是陪都重庆东边唯一的平原上的屏障，其苦其险，可想而知。外公投军后，招来了他的一些堂弟，一起效力阵前，师傅就这样结束了游侠的逍遥日子，成为一名军人。师傅虽然从军，却怎么也学不会开枪发炮，他说那些铁疙瘩拿在手上不好使唤，也许是他老人家太过钟爱自己的冷兵器了吧！不会开枪发炮的师傅，没法子在外公的特务连干活，只好领着一班江汉大平原上曾经游侠习武的好汉，到前锋作战。

我们练武休息时，师傅讲起这些，眉飞色舞，仿佛回到了吹角连营之中。师傅和他的同伴们被编成赤膊中队。每当敌我交战时，师傅的赤膊中队，悄悄埋伏在阵地某侧的战壕中，静听我军与敌方鸣射的枪炮声。一旦枪声停息，双方的队伍催马扬刀，发起冲锋。这时，师傅的赤膊中队，就会如幽灵一样跃出战壕。这些好汉们一个个光着膀子，扬着刀枪剑戟，向鬼子无情地挥洒平生的绝学。半个多世纪前的那场战争，也有其特定的规则。冲锋肉搏的时候，国民革命军的口令是："上刺刀，退子弹！"而日军也同样会退出子弹，在肉搏中决不开枪。这种双方遵守的潜规则，为游侠们提供了施展才华的机会。师傅说，在我们面前，鬼子的人马就像菜板上的鱼肉！师傅往往使的是地镗双刀，这套刀法，对付敌骑尤为管用。幸运的是，我是用师傅杀敌的双刀，练习师傅的地镗刀法的。这刀形如柳叶，刀长两尺七寸，刀柄短小，方可盈握；刀刃锋利，残留着少许的缺口，那是战争给双刀留下的纪念。每当冲锋开始，师傅双手各执一刀，席地滚去，迎向敌骑，一刀砍马腿，一刀刺向从马背滚落的鬼子。师傅说，每次肉搏战，他都是杀人如麻的。想想看，年轻而骁勇的他，孤影如电，双刀如风，这是何等的快意啊！师傅的故事，令我们无限神往，也成为我们奋发苦练的动力。

半个多世纪前的那场中日较量，师傅有幸赶上了，有幸施展了他的平生绝学。后来，日军不断增兵，尤其是增加了大量的坦克，大武汉陷落了，大队的日军向西挺进，直逼江汉大平原。平原上的128师，成了孤悬敌前的孤旅，每个村落，每条道路，每道河沟，都展开了疯狂的拉锯战；每个老人，每个孩子，每个女人，都拿起了可以拼杀的武器。那是江汉大平原史无前例的全民战争，是江汉大平原的人们有史以来第一次自觉自愿抛头洒血的战争！没有哪一个村庄免于战火，没有哪一个百姓免于战乱，真的是一寸土地一寸血，战争的惨烈，无与伦比。后来，128师的一名旅长叛国，撕开防线，献上防御图，致使128师全军溃败。溃败的那天深夜，日军直入平原，疯狂掠杀。师傅的赤膊中队，受命一直潜伏在一处水塘边。天亮时，日军的坦克，呼啸冲来。赤膊中队的游侠们，飞身而出，以他们惯用的刀枪剑戟冲杀上去。师傅真的在转眼间冲到了坦克的前面，他的双刀砍在坦克的铁身上，铮铮作响，却不能伤其毫发。回眸望去，游侠们的冷兵器，围住了坦克却无法击伤。师傅知道大势去矣，吹一声口哨，领着中队的游侠们跃身江湖，潜水离去。据说此役之后，师傅再也不用他的双刀了，再不提他地镗刀法的神妙了。

四

为了教我们武功，师傅还是请出了他的地镗双刀，那双曾令敌骑丧胆丧命的刀，那双曾在坦克前威风尽失的刀。师傅说："练武只能强身，将来一旦国家有难，你们还是要学会火炮火枪，万不可学师傅冥顽不化。"他说的很认真。多年以后，我们师兄弟三人，除我之外，另外二人都从军了，他们至今还在军中效力，其中一人，已是解放军某舰队的一名军舰指挥官，领衔大校。他和他的军舰，驻守在东部的一片海域。在自己的海域上，师弟常常可以远眺遥远的日本海。有一次我们返乡探亲，把酒话旧。师弟说，万一中日再战，他的舰艇将是前锋。三分酒意，师弟咬牙切齿说："师傅的地镗双刀败给了日本人的坦克，我要为他洗雪耻辱!"我们说这些时，师傅早已仙逝经年了。

学拳苦，学地镗双刀更苦，而且险。锋利的双刀，往常裹着身体舞动。无论跳起，无论滚地，双刀都要不停地舞动，不断地砍杀。为了学习这套刀法，我们都受了许多皮肉伤。有一次，我在向前倒地翻滚时，左手的刀脱手了，一下子砍在自己的右膝上，伤口中露出白森森的骨头，这下伤得不轻，需要马上到医院缝合。师傅跃身而起，从地上托起我，奔向医院。六十多岁的师傅，身体本来单薄，加上乡村贫瘠的食物，使他看上去像风中的老竹竿一样。师傅一手抱着我，一手紧捂着我腿上的伤口，健步如飞。

至少十公里坎坷的泥土路，师傅就这样一路奔跑，丝毫不停，很快将我送到了医院。我的伤口缝合之后，师傅又背着我往回走。因为太穷，那时候我们真的住不起医院，付不起并不昂贵的医药费。所以，师傅只好背着我回家去。这一夜，没有月光，没有星斗，连草丛中的虫子也没了鸣叫的声音。一路上，我趴在师傅的背上，我看不清他花白的头发，只闻到他头上丝丝的热汗味，禁不住悄悄哭了。师傅，我一定会好好练功，好好学文，我一定要对得起你老人家！我的泪水滴在师傅的后脖子上。师傅一边走，一边轻声说："是疼了吧？不怕不怕，一会儿到家了，我给你熬草药，喝了草药汤，不会疼，好的快。"伤口疼，我的心更疼，疼我年迈的师傅，因为我不小心的失手，竟害得他老人家这么辛苦！夜深了，我们才到家。而我的师弟们还在家等待着呢。师傅又给我去熬草药，直到我睡着了，他才休息。地镗刀法，在我的身上留下多处伤痕，也将游侠般坚强的意志注入了我的血液！

五

和众多那个时代的游侠一样，新中国宣告成立后，师傅在和平安宁的岁月中，安于寂寞。没有奸恶要他去惩处，也没有不平要他去打抱，于是，师傅娶了妻，回到家乡的生产队，学会了木匠活，成为一个手巧的木工。在做我的师傅之前，他一直这样寂寞而宁静地生活着。尽管有好多人常常慕名找他学武，但他一概以身体不好拒绝，没有收过一名弟子，连他的几个儿子，也不曾教过。宁静的岁月中，师傅真的宁静了么？我不知道。听说他从不与人斗狠，从不与人动手，也很少提起过去。一个寂寞的游侠，在寂寞中打发着寂寞的日子。他为什么会答应了我的父亲，又为什么破例第一次收徒教我？我曾经为此问过师傅，师傅说，你身体太弱，又多病，又老实，不斗狠，所以，我才同意教你的。师傅说的对，我从小体弱，常常被莫名的病魔折磨，从一岁到八岁练武之前，几乎没断过中药。母亲说过，我是药水喂大的，并不是米粮养大。师傅大约是太可怜我，才收我为徒吧？做了我师傅后，他老人家才陆续收了两个弟子。教授着我们武功，师傅仿佛重温着游侠的梦，干瘦的脸上，开始有了快慰的笑容。

无论从哪个角度看，师傅都不像个练武的人。他很矮小，身高大概只有一米六五的样子，很瘦，如同秋天里的一片柳叶。稀而淡的眉毛，细长的眼睛，眉目之间，更多的是一种慈祥和平静。也许经历了太多的厮杀搏斗，也许经历了太多的人生悲喜，也许看透了太多的世间美丑，师傅是不是如佛一样，修炼而通达了？对此，我不曾问过他，少年的我，也不懂得和他谈论这些。只有看到他在暗淡的灯光下出招，才能感受到一股冷烈的风，一团肃杀的气，一种迅急的神。多少回的修炼，多少次的磨练，才可以有这样不动声色的形、动如脱兔的神？我向往他的武功，更神往他的怡然。

传授拳法，传授枪棒，师傅便讲心法。严格的说，我所背的第一首武术口诀，应该不是什么练武术的口诀，只能是一首启蒙读物，是基本的要求。那意思十分明了：八岁学扎马，九岁学拳法，十岁，才可以学习器械。然后，手掌出击，要有龙爪般的力道，指爪要如龙爪那样的紧束。脚下要稳，步步如虎。而身体却要灵活，轻盈如飞燕掠空而过。稍稍需要解释的，是最后一句“三守丹田铸坚城”。师傅说，人身有三个丹田，眉心为上丹田，在双眉正中；胸口为中丹田，在两乳之间；脐下为下丹田，在身体正中。三守丹田，有两层意思，一是三守，练武之前，意守丹田；练武之中，气贯丹田；练罢收手，神归丹田；二是守三丹田，就是说，每一守，都要贯于上中下三丹田，是三丹田神归如一。简言之，专注就是了。三守丹田，练的是定力，练的是静心，我如此认为。有了如此三守，身躯便像坚城一般了。这些是练的神，练的内在功夫。

一招一式，是外在的形式，是拳法的套路，兵器亦然。我的师傅，对三种兵器之王有独特而精辟的解释，他的解释，将每一种兵器人格化、侠客化，让我至今不忘。兵器中，师傅先教的是刀法。他对刀法的注解有两个字：狂刀。舞刀要狂放，尽情挥洒，目中无人，不如此不能练成好刀法。后教剑法，他传授的那套纯阳剑法，相传是八仙中最潇洒的那位——吕洞宾所创，师傅也用两个字总结：傲剑。他说，舞剑要有傲气，一剑在手，上刺青云，下翻猛龙，傲然在握，天地无物。哈哈，何等的傲气呵！这套剑法，也确实美轮美奂，一直成为我的最爱。师傅还说，剑身挺直，就是傲骨挺直！练棍，师傅的注解仍然是两个字：乱棍！乱棍其实不乱，乱是棍法外在的形式。师傅的棍法舞将起来，风卷落叶，四面出击。师傅说，棍法有棍法，棍扫一大片，棍点一条线，可攻可守，可敌一人，可敌万众。于万军丛中一棍破敌，当然就乱成一片了！狂刀、傲剑、乱棍，六个字可以成为一部武侠小说的名字了！师傅的刀法、剑法和棍法，培育了我们的冲天胆气和万丈豪气，也教得我们几个弟子长大成人后，个个狂放不羁，常常目中无人，虽然朋友多多，却是命运坎坷。狂刀、傲剑、乱棍，六个字也许就是师傅游侠心境的写照吧！但我们却没有成为游侠，游侠的时代，在法统社会和和平环境中坦荡无存，我们只能怀一颗游侠的心，做凡俗的事。

六

练武先练心，先练德。这是师傅挂在嘴边的话，也是他谨守的准则。

有一天晚上，是夏日之夜，南方大热，月明星稀，月亮将大地照得如同白天，于是，我们将长凳拿到屋外的场地上让师傅坐下，我们三人，就在夏日月光下，在屋前的场地上练习。

不一会儿，当地很有名的青年拳师嬴山来了，他带来了两个徒弟。嬴山年近三十，正是血气方刚、身强力壮的年龄。他的两个徒弟，均在二十岁左右，人高马大。相形之下，我的师傅已在六十开外，瘦骨伶仃，一副弱不禁风的样子。我们师兄弟三人，都不到十五岁，还是些弱小的少年。嬴山一来，就对师傅说：“左师傅，我是来讨教拳法的。”看看，他要让我们的师傅难堪。看着师傅瘦弱的身体，我们的心提到喉咙口。

师傅坐在长凳上，不动，不怒，也不笑。

“我老了，不是你的对手。我们就别玩手艺了。”师傅说。

年轻的嬴山，怎么能放弃机会？对他来说，如果击败了我的师傅，他会威名大振的。我想，他一定这么想着。

“你老了，你的徒弟不老呵。让我的徒弟和你的徒弟玩玩吧？”嬴山说。月光虽然明朗，我却看不清他的表情。这时的嬴山，一定在得意地笑着。从身高和体型上说，我们师兄弟三人，没有一个有把握战胜他的徒弟。

看来，争斗无法避免，我和师弟们暗暗握了一下手，下决心拼死一搏，为了师傅的荣誉，为了师傅的尊严，我们还怕什么？

这时，师傅说话了，很苍老很低沉的嗓音：“别跟我的徒儿过不去！谁也不能动他们一根毫毛！”师傅的语气，有些狠了。

寂静，死一样的寂静，我们听到虫儿在草丛中喘息的声音。月光下的宁静，让人心房颤动！

师傅坐在长凳上，右手拿起茶壶，端起来，准备送到嘴边。

然而，就在这一刹那，赢山猝然出手，不，是出脚了。他一脚踢在师傅所坐的长凳上，木凳哗啦一声，碎成数片。木板木腿，哗哗掉在地上。踢碎的木屑，撞击在墙上，又反弹在地。

然而，师傅没有动，他仍然保持着坐姿，虽然木凳已经粉碎。他的右手仍然握着茶壶，并且将壶嘴送到唇边，轻轻地吸了一口茶。

“好茶！”师傅说。

师傅的镇定，让赢山更加恼怒。他呼喊着冲上去，飞脚踢来。这一次，他踢向师傅。

电光石火之间，师傅仍然没有动，动的是赢山。他踢出一脚后，竟然失去重心，后背重重地跌在墙根上！

我们师兄弟三人，开心地大笑起来。看看师傅，他还保持着不变的坐姿，右手拿着茶壶，壶嘴叼在他的口中。

“好茶！”师傅又说了一声。

赢山爬起来，他输了，是师傅在弹指间摔出了他胖大的身躯。赢山跪在师傅的面前。

“你收我吧，你当我的师傅吧。”他说。

江汉大平原的男儿们，好武尚勇，也知情达义。赢要赢的光明，输要输的磊落。所以，他是诚心的想拜我的师傅为师。

“不。”师傅只说了一个字。

“有武无德，祸害百姓；有勇无德，祸害国家！”师傅又说。这是师傅在骂他呢。

赢山说：“师傅，不管你收不收我，我都认你是师傅。你的话，我记清了。”说完，他领着自己的徒弟，悄然离去。

师傅后来告诉我们，赢山踢来时，师傅的坐姿，就是可攻可守的马步。等赢山飞起一脚时，师傅轻轻一脚，绊在赢山支撑身体的另一条腿上，赢山失重，怎能不摔？技艺高低，只在一丝一毫之间。哈哈！

七

十六岁时，我离家求学，远走他乡。师傅，孤单地留在了江汉大平原的土地上，留在他游侠过、抗敌过的故土上。

十多年后，我已在北京工作，突然听说师傅去世了。家乡的人说，师傅没有病，身体很好。有一天晚上，他喝了一点酒，早早睡下，谁知一睡不醒，次日日上三竿，家人还不见他起床，于是想唤醒他。而我的师傅，已在睡梦中与世长辞！他走的好安详，一个行侠仗义了一生的人，是应该安详离去的。他没有痛苦，只把痛苦的思念，留给了我们。

有一年的清明节，我回乡祭祀扫墓，在荒草间遇到赢山。这时的赢山，年过四旬，已经成为江汉大平原最大的城市——仙桃市武术馆的馆长，还兼任总教练。赢山是来给我的师傅扫墓的。他说，左师傅的那一脚，教了我一生受用不尽的道理。他是你的恩师，也是我的恩师。

我的师傅，用一个真正习武之人的操守，用一个游侠的德行，默默走完了他的一生。也许他是平凡的，可是，他却传载了我们民族中最经典的精神：娴熟的武艺和高尚的品德。如果武术为国术，谦让与善良的美德，该是国术中的国宝。

师傅，没有游侠的时代，我们真的寂寞……

附录：感恩的心

母亲
我是你的轮回
借我一腔激情
永远珍藏的处方笺
少年的憧憬
那一天的寒冷之后
有诗的日子不寂寞
——读寓真诗文感怀

母　亲

一

百年前，江汉大平原河网纵横，没有公路，只有水运。凤凰河畔的一户左姓人家，开了一家小米店，后来生意发达，又买下了粮船和码头，日子一天比一天红火。1933年，母亲就出生在这个左家米店。米店的少东家，也就是我的外公，当时还在武汉上大学呢。他从家信中获知喜得千金，高兴不已，骑着马跑了一天一夜赶回家，为他的女儿带回小衣小袄，还取了一个文绉绉的名字：训之。如果社会安定，如果国家强盛，如果民族兴旺，这个左姓人家的日子，应该是可以很殷实很富足的。然而，中华民国已病入膏肓，军阀争战不休，接着日寇入侵，母亲童年和少年时代是在刀光血影中度过的。她七岁那年的冬天，大雪一连下了数日，凤凰河畔被白雪覆盖。大年三十的傍晚，镇外突然枪声大作，鬼子的部队闯进了江汉大平原。人们纷纷出逃。由于外公在武汉警备学堂任职，我的外婆拉着我的母亲，向湖区逃亡。由于匆忙，由于惊恐，由于太厚的积雪，母亲深深陷在积雪满布的河中而无法自拔，慌忙中的外婆竟然不知，走的不知去向。母亲在积雪中苦苦挣扎，却怎么也爬不出来。幸好一位邻居因为喝了酒，跑的慢，看到了被困中我的母亲，这才将她拉了出来，一路逃去。在雪坑中长时间的挣扎和寒冷，让她留下了胃寒病，疾病困扰了她一生。母亲常常对我讲起这件往事，总说她这条命，是从鬼子的枪口下捡回来的！

不久，江汉大平原的抗日战争全面爆发了。凤凰河畔成了抗日的堡垒，一个连的国民革命军常驻于此，与相隔二三公里的日军对峙。那些日子，几乎天天都有枪声，月月都有阵仗。左家的粮店没法子开张，住进了一个排的国民革命军战士。一天清晨，镇上又是枪声大作，日军悄悄包围了这个小镇。士兵们纷纷抱着枪冲出大门，小镇的街道上立刻便是短兵相接。母亲跑到门口，一排子弹扫射过来，国民革命军的一位排长返身将母亲扑倒在地，密集的弹雨，全部落在了那位排长的身上。母亲没有哭，她拼命地将那位排长向屋里拖，青石台阶上撒满了鲜血。母亲告诉我，是那位年轻的排长用生命救了她。可年幼的她，连自己救命恩人的名字都不知道！幸好增援的我军及时赶到，小镇才免于一场更大的屠杀。此后，我的外公立刻选择了投笔从戎，投奔驻守江汉大平原的国民革命军12师。国破的日子里，每一个幸存下来的生命，都是以无数死去的生命为代价的呵！

国难当头，家产自然破败。三天一大仗，两天一小仗，没有生意，即便有生意，你也没有法子做生意。母亲家的米店、粮船和码头，一一的放弃了。

外祖母带着儿女，守着清贫的生活。外公带着堂兄弟，一起在阵前抗敌。少年时的母亲，白天上私塾，晚上操持家务，格外得明白事理。凤凰河畔的这个小镇，充满了那个时代特有的传奇。外公从军的同时，他的私塾同学、邻居家的长子却投降了日寇，成为日伪军的保安。两个男人常常在战场上刀枪相见，两人的家属却平静地生活在一墙之隔。据说，他们两人返乡时如果见面了，还会以同学、兄弟相称，公私之分竟有如此之清！母亲9岁那年，我的外公在抗击日寇时，与日伪军遭遇，孤身陷入重围，捐躯国难尸骨无存。不久，日伪军占领了凤凰河畔。外公的同学、那位伪保安团长骑着高头大马，荣归故里。伪团长看到我的母亲，送上整整一卷日本产的蓝色洋布，还当着满街的人说："以后，她就是我的女儿了，谁都不许欺负他们孤儿寡母！"9岁的母亲，没有伸手接那捆洋布，没有感激称谢，转身回屋，扑在床上大哭了一场。她在想：我的父亲是何等的英雄啊，我怎么能接受日本走狗的东西?！终母亲70岁的一生，她坚决不用日货。改革开放之后，我们几个子女都已工作，有一回我托人买一台彩电给她捎回家，当晚她就打长途电话给我，十分生气地说："你怎么买一台日本的东西给我？你怎么忘了国仇家恨?！"我只好赶紧给老人家换一台国产彩电。

二

母亲嫁给我的父亲，是命运，更是安排。1948年，母亲16岁，参加挺进中原的解放大军，成为江汉大平原土改工作队年轻的妇委会主任。我的父亲则是国军的一名上尉营长，他在淮海战役中负伤被俘，伤愈后，家乡的江汉大平原已经红旗满天，父亲厌倦了军旅中的厮杀，执意不愿参加解放军。新政府知道父亲是读书人，学的专业是水利土木工程设计，于是，按父亲的要求，送他回到家乡主修水利工程。1949年初，回到家乡的父亲已经27岁，仍然孑然一身。这样的年龄还未娶妻，在那个年代，已经是大龄青年了。新政府关怀有加，安排我的母亲嫁给这个半大的小老头。母亲开始并不乐意，区委书记便找她谈话。那位书记说："你别看人家是国民党员，但人家是读书人，学问大呢。我们县水利设施都毁坏得差不多了，又年年发大水，正需要用这样的人才呀！你是共产党的干部，要听党组织的安排！有什么意见和想法，以后再提，先结婚……"区委书记接着又找我的父亲谈话，详情虽然不得而知，但父亲接受了这个安排，也许是他知道这个小姑娘也是书香门第，比较般配吧。由于母亲当时只有17岁，未到规定的18岁，区委书记批示：特事特办，准予结婚。就这样，国共两党组成了一个家。以后的岁月中，每逢他们的五个儿女面临婚姻大事时，父亲总是主张媒妁之言，而母亲则力主自由恋爱。各说各有理，常常为此争执不休呢。

虽然母亲没有办法选择自己的婚姻，但组织的这一安排，却在以后的生活中让她感到了安慰。我的父母一生相敬如宾，而且，所有家里的事情，父亲全部由母亲做主；而其他的事情，母亲则完全以父亲的事业为重，不断地放弃自己，无怨无悔。家，成为母亲终身的事业和一生的追求。

上个世纪的五十年代后期，新中国大兴水利，在偏远的鄂西山区兴建丹江口水利枢纽工程。父亲奉调，从鱼米之乡到苦寒山区，担任工程的技术人员。母亲带着他的孩子，带着我的祖父，把家迁往山区。她本来在鱼米之乡的粮食局系统工作，一下子到了山区的工地上，工作没法安排，工资也没有了。母亲什么怨言都没有，一去就是三年。后来祖父实在受不了山区的气候和饮食，要求回到老家生活。父亲是家里的独子，祖母刚刚去世，谁能照顾祖父呢？我的母亲又决定领着子女，陪祖父迁回老家。如此辗转反复，母亲丢掉了她的工作，从此成为一名普通的家庭妇女，从国家干部成为生产队的一名劳动者。但她仍然没有抱怨。我的童年和少年岁月中，父亲常常会对我说，照顾好老的，照顾好小的，就是我的工作。还有什么比这更重要的呢？

三

母亲的一生是受苦受难的一生。她经历和饱尝了那个时代所有的艰难。即便是在新中国成立之后，艰难依然挥之不去。

江汉大平原农村体力活的沉重，让今天的人们无法想象。我虽然年幼，却记忆清晰，每每为此痛苦不堪。春天麦子还没有成熟，就要在麦地里间种棉花苗，等麦子熟了收割时，还得马上往水地种早稻。夏天，一边收割早稻，一边种植晚稻，人们忙得吃饭的工夫都没有。秋天，要收棉花，要收晚稻。等忙完了秋天的活，冬小麦又要播种了。一年四季，周而复始，所有收获的种子，没有给人们带来欢乐，只带来无穷无尽的劳苦。母亲要参加生产队的农活，还得操持家务，在门前的那一块菜地上种蔬菜。每年冬天，菜地里的菜成熟了，母亲领着我们一起腌制咸菜，开春之后，除了自己家吃一部分，其他的分给左邻右舍。

我的童年和少年，是喝粥长大的，有时甚至连粥都喝不上！种粮的人食不果腹，母亲能给我们的一日三餐，只能是稀粥和咸菜。许多时候，她将干点的粥先捞给子女和祖父，自己喝最稀的粥。

有一年的夏天，公社革委会的杜副主任到我们生产队驻队，安排住在我的家。母亲每顿从锅里捞出一小罐米，熬成干饭给那位干部，而我们只能喝更稀的粥。一天晚上，我实在忍无可忍，却又不好发火，于是，故意的将稀粥喝得很响，而那位干部依然自顾自埋头吃他的干饭。恰在这时，生产队的队长罗大爷经过我家的门口，听到了我喝粥时极为夸张的声音，跟我开玩笑说："别这么使劲喝了，再这么喝，长江大堤都要让你喝倒了！……"我对罗大爷发牢骚："干饭都让你们干部吃了，我不使劲喝，稀饭也没有了！"搞得杜副主任拂袖而去，回家去了。那年月，生产队虽然年年丰收，可是，几乎所有的米粮都要运走，家家都吃不饱呵！上级还严格规定，每个农民一年的口粮，不得超过300斤谷子，如果剥皮成米，最多210斤，那够吃吗？孩子们吃不饱也就罢了，大人们吃不饱，还得干重活呢！

杜副主任回家的第二天，罗大爷召集村民分谷壳，将一些谷子掺在谷壳里，以分谷壳为名，分给每户农家，好让我们多有一点粮食。不幸的是，当天下午，杜副主任骑着自行车，带着一些人回来了，他不知道从什么地方知道罗大爷给大伙分谷壳，说是生产队私分了粮食，要严肃处理。调查组挨家挨户地查问，罗大爷一下子就傻了。私分公粮，是要坐牢的！当然，所有的农民都异口同声，坚称分的是谷壳，不是谷子。杜副主任和调查组密谋许久，便找到了我。依据他们的说法，大人会撒谎，一个不到十岁的孩子，是会说真话的。

杜副主任先是很和气地夸奖了我，然后要我拿一只空碗，将上午分的谷子和谷壳挖出一碗，让他们看看究竟是什么。罗大爷无助地看着我，却又不敢暗示一句。我平静地走进我家存谷的房间，关上房门，将那些空空的谷壳挑出来，装满了一碗，拿出来送给杜副主任，告诉他："这就是上午分的东西，全在这里呢！"由于我的伪证，调查组只好认定罗大爷是给大家分谷壳，并没有私分谷子。等这些人离开我家时，母亲赞许地对我说："有时候要说真话，有时候就得说假话，关键看对谁说！"

侥幸的一次得手，并不能解决长年的缺粮。冬天空闲的时候，母亲到十公里外的湖区里打鱼捞虾，我和两个姐姐到湖里去挖野藕。冬天的湖面上，厚厚的冰雪覆盖着烂泥和湖水。我们赤着脚，敲开冰，一锹锹地挖下去。为了生存，为了对抗饥饿，寒冷早已抛在了脑后！

历经苦海，却依怀一颗无比善良的心，这就是我的母亲。听乡里人说，母亲少年时在土改工作队工作。那时候，镇压地主老财是常有的事。所谓镇压，就是枪决，而土改工作队的队长，就是枪决地主老财的行刑者。那位从战争中走出来的队长，每次枪决地主老财前，总会将子弹的尖头磨平，这样的子弹打在地主老财的头上，往往立刻开花，尸体没了脑袋，为此，乡亲们时时不忍，却又不敢发言，便请我的母亲说情。母亲便对那位队长说："杀的人都没有了脑袋，大家怕无头鬼，晚上再开会，我们是不敢来的。"队长说："杀几个地主老财，给他留下脑袋干什么？"母亲坚持："如果还这样枪决人，我们晚上不来开会了。群众也不敢来开会了。"队长怕失去了这些群众，只好不再去磨平子弹头。有一位村里的教书先生，因为家有百亩良田，虽然平生并未作恶，而且一直勤勤恳恳地教着私塾，但仍然成为地主。当土改工作队准备枪决这位地主先生时，村民们意见很大，都认为不能杀他。可是，土改工作队长一意孤行。母亲连夜直赴区委，找到区委书记，如实地说明了情况。第二天，当土改工作队将那位地主先生押往刑场时，区委的通知及时传到：刀下留人！后来，这位先生一直活到了90多岁。我上中学时，老先生已经年过古稀。我放了寒暑假，老先生便携着那本十分陈旧的《古文观止》，到我的家里为我讲授古文，要我背诵其中的许多篇章。我记得老先生特别喜欢《出师表》和《陈情表》，他说，读《出师表》知何为大忠，读《陈情表》知何为至孝，做事虽然常常难以忠孝两全，做人却要务求忠孝两全。正是在这位老先生的影响下，我读完了《史记》、《论语》等古书，并喜欢了中国的古典文学。

四

甘于平凡的母亲，将所有的理想和抱负，寄托在子女的身上，给了我们最简朴却是最实用的教育。

夏日，我们有时在门前的场地上乘凉，母亲一边给我们摇着芭蕉扇子，一边讲述她曾经熟读的故事。她讲正史神话中的盘古开天地，也讲野史传说中的七仙女下凡；讲三国演义中的曹操刘备，也讲水浒传里的宋江晁盖。母亲总有讲不完的故事和传说，总有说不完的历史和神话。她将历史和野史完美地结合在一起，再加上自己的爱憎，将这些传授给我们。母亲，是我的第一位启蒙老师。她讲述这些时，村里的孩子们会安静地围绕在我家门口的场地上，席地而坐，一直到她讲累了为止。我记忆中关于中国历史的许多知识，应该说是从母亲的口头讲述中获知。

数十年后，我的儿子不满一岁，已经成为祖母的她，便急匆匆地要求将小孙子抱回老家抚养。三个月后，当我和妻子回老家接我的儿子时，小东西已经能够奶声奶气地给我讲述曹操持刀刺董卓的故事，还会背许多诗词，让我好不惊讶！母亲给我们讲述的故事中，讲的最多而又最精彩的是薛仁贵、岳飞和杨家将，讲薛仁贵时，她总会责备薛刚不该反唐；讲岳飞传时，她总会责骂赵构太愚蠢；讲杨家将时，她总会骂潘仁美人面兽心。这三部故事，我们虽然听过多遍，而每次再听时，仍然津津有味。母亲的每一部故事，爱憎分明，大义凛然，成为我永远的精神之源。清苦的日子，因为有了母亲讲述的故事为伴，我们才可以成长，身体虽不强壮，精神却很健康。

看着今天父母伴着子女复习功课，陪着孩子们到处补习，我常常感怀。我的母亲，从来没有时间也没有精力关心我的功课。在那个不重视学习、不看重知识的年代，学校本来就松松垮垮，学生本来就没有功课，父母们如何关心？然而，母亲对我的学习，却总是支持有加。

家里穷，晚上点煤油灯是奢侈的。于是，母亲做饭时，让我往灶里加柴，这样子我可以借着炉膛中的火，看我喜欢的书。红红的火光，映在书页上，透着微红的光，这种光彩更加激发人的想象，丰富了书的内涵。《水浒》、《三国演义》这一类的书籍，我就是这样在炉火边读完的。有一天，我试着在炉火前做作业，写作文。火光太暗，看不清字，我就只能将放作文本的小凳子往前移，移到灶堂前，结果，灶膛里窜出的火苗，烧着了我的头发。母亲愣愣地看着我，用衣袖擦抹眼泪。

第二天一大早，母亲叫醒我，用一块小方布，包着家里仅有的5个鸡蛋，要我拿到小集市去卖。母亲说："卖了鸡蛋，你就卖煤油回来，晚上就可以点灯了。"寒风凛冽的冬日清晨，我踏着满地寒霜，穿着破旧的棉衣棉裤，小心翼翼地捧着五个鸡蛋，来到集市。集市就在村供销社门口，整个集市，大约只有十多米长，三五米宽，来往的人，也不过数十人，实在少的可怜。我将鸡蛋放在地上的方布上，向人们吆喝。天大亮的时候，5个鸡蛋终于卖出，每个5分钱，一共2角5分的硬币。可是，供销社却还没有开门营业，而我上学的时间也快到了。于是，我将2角5分钱装进破棉袄的口袋里往家里跑，心里充满了喜悦，有了这笔钱，我们可以买二两半煤油，可以让我们做好长时间的作业呵！回到家，我激动地将手伸进口袋，可是，那5个硬币却没有了，他们从我的破衣服中溜走了！我惊恐地看着母亲，带着哭腔告诉她钱掉了。母亲陪着我，在从我家到集市的路上来回的找，我们将那条小路走了十几个来回，一直找到中午，仍然没有找到那2角5分钱。母亲没有责骂她可怜的儿子。当天晚上，她借着灶膛的火光，一针一线，缝好我的棉衣，牢牢地缝好口袋。她说：“过几天，等那只老母鸡下够5个鸡蛋，你再去卖吧。”老母鸡的鸡蛋，这样成了我晚上写作文的油灯钱。我14岁上中学的时候，这只老母鸡安详地老死在它下蛋的鸡窝里。我的心里一阵窃喜：有肉吃了。母亲看了很久，说：“它在我们家生活了八年多，家里油盐钱，都是它带来的，它是我们家的功臣，你好好的埋了它吧。”当天，我将这只老母鸡埋在了我家的菜地里，在它的小坟上种了一棵柳树枝。如今，这棵柳树已华冠如云。

1976年，我初中毕业。父亲从他工作的外地回家，告诉母亲一个天大的喜讯：经过父亲同事们的安排，我可以招工到公社的拖拉机站去当工人。对所有生活在农村的孩子来说，这真可以说是天上掉了馅饼。那个时代，高考早已终止，农民无法进城，更不能招工。一个生长在农村的少年，他的命运只能是当一辈子的农民，干一生沉重的体力活。能够让我去公社的拖拉机站当工人，父亲一定托了很多关系，一定费了很多心血。然而，听到喜讯之后，母亲并没有如父亲一样的高兴。她对我说：“你是要读完高中，还是去当工人？如果现在就去当工人，你一生就是工人了，就再没有上学的机会了！”年少的我，只觉得当工人也许不如再读几年书更好，于是选择了上高中。为此，父亲大发其火。可是，母亲却十分冷静，她劝说我的父亲：“读书总是没错的。我看他是可以上大学的！”1976年，高考并没有恢复，上大学凭的是组织推荐和各种关系，对此，我的父母当然知道。父亲不以为然，说：“就凭我这个老国民党，就凭我们的关系，就是全中国的孩子都推荐上了大学，恐怕也轮不到他吧？！”父亲的话，让我躲到房里痛哭了一场。哭泣中，我听到母亲在劝说父亲："先让他读完高中吧，国家不会一直这样闹下去的，历朝历代，哪有不开科选才的啊？我看快了！"就这样，我于当年的9月顺利上了高中。第二年，春回大地，高考制度恢复了。父亲对我说："还是你的母亲有远见，要不然，你也许就是农村的拖拉机手了！"

江汉大平原农家的孩子，早早就得到生产队干很重的活。我身材瘦弱，常常苦不堪言，而生产队那位年轻的队长，却似乎是要故意磨练我的筋骨。每逢暑假，他总会一大早就站在我家的门口，喊叫着我赶快出工干活。有一次我冒着酷暑和成年人一起挑水稻，累得在田里休克，被邻居的叔叔送回家，当晚高烧不退，昏迷不醒。第二天清晨，我刚刚清醒，母亲正在给喂我米汤，这位年轻的队长又跑到我家的门口，并且出言不逊，说："该下地干活了，别在家装病阿！"好强的我，挣扎着准备下地干活，母亲却已步出屋外，大声对队长说："别喊了！我们听到了！我现在就告诉你，我的儿子不会在你的手下务农一辈子的，他会上大学，他会远走高飞的。"多年之后，我返乡探亲，请这位已不再年轻的队长吃饭喝酒，他对当年的往事记忆犹新。

五

病痛时时困扰着我的母亲，她的一生几乎都在病痛中度过。

母亲的胃病时时发作。上小学时，就常常替母亲请医生和买草药。每次发作，豆大的汗珠从她头上滚落，她一边忍着痛，一边给我们做饭，做好饭，她却一口也不能吃！长年的胃病，让她一直骨瘦如柴。

1985年，我从安徽返回北京工作。接她老人家到北京。我知道母亲一生没有到过北京，一生的愿望是看看北京，看看北京的毛主席和长城。她老人家到北京后，我陪她看了长城，看了天安门，看了毛主席纪念馆。不料回到家里，她的胃病又患了，一病不起。等我送她到北京的朝阳医院时，医生说病情已很重，要马上动手术。手术之后，她老人家胃部大出血，几次休克在病床上，一张张的病危通知书，让我心乱如麻。医生告诉我，生还的希望已经不大，只有通过不断输血，通过输血愈合她胃部的伤口。母亲清醒后，坚决不肯医治，她对我说："你刚刚工作，一个月只有几十块钱的工资，那么贵的血费，你付不起的，别为了救我背一身的债!"母亲的话，让儿子心如刀绞。我和家人稍作商量，决心拼尽一切救我的母亲。也许是真情感动了上苍，在十多天的连续抢救之后，母亲终于死里逃生。后来，母亲又因病做过多次手术。

母亲的一生，辛辛苦苦养育了儿女，却没有享什么福。早年家境贫寒，无福可享。后来，儿女们已经工作，却又远在他乡。我一直在北京工作，从未在父母的身边伺候他们。每次听说她生病的消息，总是在她已经病愈出院的时候。她在病中是不让家乡的人们告诉我的，说是怕耽误了我的工作，怕我分了心。后来，我调到湖北工作，离父母稍近了些，却因为忙这忙那，只能是过年过节去看看他们。每次回家，从他们喜悦的目光中，我能知道父母那份思念的心情。2002年秋，母亲被确诊为食道癌晚期，我却面临调任山西，又一次远远离开了她。她生命最后的日子，充满了疼痛和折磨，而我却连一口水都没有给她喂过。父亲和母亲相继去世，我都不在他们身边。为人子，有尽孝之心，却未能尽孝，哀莫大于此，痛莫于此。如果一切可以重来，我真的愿意做一个穷乡僻壤的凡夫俗子，好好地伺候在父母的床前，在他们生命最后时刻紧紧拉着他们的手……

父母给我的遗言，只有两条，一是合葬，二是立碑。

我亲手安葬了他们的骨灰，为他们撰写了碑文。碑文如下：

壬午仲秋，严父慈母沉疴已重，知儿履新三晋，千叮万嘱，勤免报国。竟半年，先后西去。儿千里驰归，痛何以堪！

家严身世坎坷，先祖系辗盘山之武举，故居乃渔阳湖之金城，幼年家道中落，渔猎耕读，不怠不辍。适逢河山破碎，以长子代诸弟从军，随国民革命军第一军，积功升上尉。伤重解甲，转辗至沔阳凤凰河畔，归依同祖同宗，出任水利设计。丹江口建水库，汉水边修河道，天潜沔筑路桥，冬踏三九寒冰，夏披三伏酷暑，毕其心，穷其智，竭其力，无一不德在当代，福荫后世。严父身正，文革岁月，造反派以吾祖父曾任国民党官员为由，诱逼脱离继养，从则捧，否则棒。父凛然相拒，曰：但尽人子孝道，何患自身沉浮。敬养父母如初，从此淡薄仕途。天道有酬，安享晚年。

家慈名门之后，父捐国难，母传诗书。幼，熟读四书五经，通晓史记列传。及少年，操持五谷杂粮，明于世态炎凉。婚后，外忙土地改革，妇女解放；内奉父老双亲，教养子女。积劳成疾，四历手术，数番抢救，遍尝砭药之苦，屡历生死之磨。唯舔犊情深，不忍相弃，吞百难而无怨悔，终至癌症扩散，天地不应。

严慈慷慨，亲朋故旧，有求必助。育子女，宽严有度，张驰有法。闲时教吾等习文尚武，忙时领吾等观摩施工，饥时令吾等先饱腹囊，富贵显达之时，嘱吾等谨慎躬行，扶弱助困。二十年来，儿谨遵教诲，自强不息，皇天相助，略有所为，遂携助同乡聪慧子弟以成材，救助他乡贫寒子弟以成学。父母九泉可含笑矣。

又逢清明，冢上青草已长，半空细雨未歇。教言犹在耳，忠孝岂忘心。谨记之。

母亲是生命之源。她让我们来到这个世界，无论享受苦，无论享受甜，我们有了唯一的机会可以体验生命的过程，可以做一回人。母亲是生命之泉，她让我们有了唯一的支撑可以应对生命的起伏，可以做一番事。她给我们血液和筋骨，给我精神和力量。人说长江黄河是民族的母亲，我说母亲是人生的长江黄河！母亲是娘，母亲是师，母亲是危难时最坚强的树，母亲是彷徨时最明亮的灯！

我是你的轮回

你的背影，从我的眼眸远去。臃肿，缓慢，满后脑勺的白发，微驼的背。

江汉大平原的仲夏，酷热、无风、烈日如火。汗渍在你的背心，已经结成盐甲，又被重新浸湿。破而黄的芭蕉扇，斜插在后脖子的衣领上，一卷暗黄的经文，夹在你的腋下，你用一只手小心地护着，像护着新生的婴儿。

20多年前的这一幕，成为我记忆中永生的定格。

先生，你还在这样蹒跚而行么？在天国，在遥远的天堂，是否有灼热的风侵袭你的身躯，是否有酷热的浪浸湿你的衣衫，是否有暗黄的经卷依然与你为伴？先生，我的先生！

我一直称呼他先生。我的父亲如是称他，我周围的人们如是称他，我亦然。

先生姓罗，讳亨乾。

旧时文人的外在特征，完整地覆盖在先生的身上。方口黑色的布鞋，是他脚上四季不变的饰物。灰色旧布长衫，永远裹着他一米八的大个子。老花镜也是时刻架在鼻梁上。

那眼镜的两条腿，瘦而黄，老而旧。镜片圆圆的、厚厚的。无论远近，你都无法透过厚重的镜片看到他的眼神。眼镜在鼻梁上压出两个深深的小坑。每次他为我讲授古文时，我便会注意他的眼睛，而每次几乎都无法看到眼里的光泽。

先生确实是一位旧时的文人。民国的时候，他从乡村考上国立武汉大学。那样的年代，农家子弟是上不起学的，只有像先生这样良田百顷的富户人家，才可以上学、上大学。传说先生上大学的那一天，他的父亲用马驮了两大袋银元，送他走到了武汉。到了武汉的时候，马儿因为负担太重，竟然累死了。先生家的富裕，由此可见。不错，先生的家，是我家乡曾经的首富。而先生一生命运的坎坷，也就从此开始了。人生，许多时候就如一片秋天的叶，当冷风吹来的时候，你只能随风飘落，也许浮于一片溪水之中，也许陷入深渊万丈，你不能选择你的命运和你的归宿，只能在造化的安排中随波逐流。

先生是怀着怎样的理想到武汉大学求学的？先生终其一生，不曾对我说过。我所知道的是，先生是那个时代村里第一个上现代大学的青年。上世纪之初，王朝倾覆，科举废止，在故纸堆里浸淫了时光，耗去了青春，熬尽了心血的人们，有多少仍在叹息？有多少还在依依不舍？先生没有忧郁和犹豫，从故纸中冲出，如脱茧而出的蚕，直奔创立不久的国立武汉大学。他的入学，是轰动了四方的，老人们是以他中举的目光相送的，青年们是以他入仕的目光羡慕的。上大学时的先生，已经在家娶了妻。乡间的成婚，都是早早的，越是富家子弟，越是早婚，为的是生下儿子，传宗接代。将妻儿放在乡村，先生牵着驮着两大箱银元的马儿，上武汉去了，上大学去了，修国学去了。命运之帆，这会儿正在劲风之中。先生记得，行走在乡间的晨风中，他脑海中反复出现的，是那首绝句：

故人西辞黄鹤楼，烟花三月下扬州。孤帆远影碧空尽，惟见长江天际流。

我上中学的时候，日月经纶，已让先生垂垂老矣。垂垂老矣的他，依然经不离手。每个暑假，先生都是我家的常客。不管天气多么炎热，他都会夹着那本暗黄的经卷，蹒跚着到我的家，为我讲授古文。从武汉大学国文系毕业的他，有着深不可测的国文功力，就像一位身负奇功的侠客一样，你永远不知道他的内力到底有多么的深厚，仿佛浩瀚的海洋。他腋下的经卷，有时是诗词，有时是古文观止，有时是野史春秋。为我讲授古文时，先生的吟诵，常常让我听得如痴如醉。他用一种类似藏传佛教的喇嘛们诵经的声调，吟诵这些遥远年代的文章，声音厚重，声调绵长，你很难听到起伏，很难感受到间歇，却透着一种绵绵不息，透着一种浪涛汹涌。我年少的心灵，总会经受着先生声音的撞击，心房里如潮水般涨满，仿佛随他一同经历了时光隧道，返回遥远的秦汉隋唐。

一个灼热的夏日。先生要讲授范仲淹了。他一连吟诵了三首范仲淹的边塞词。此时，江汉大平原的燥热，几乎让人晕倒。先生的长衫，早已通体湿透。热浪热风之下，门前的鸟儿已经懒得飞翔，屋内的小鸡已经趴在地上，而先生，乐此不疲，还在吟诵着。

先生吟诵的第一首是：塞下秋来风景异，衡阳雁去无留意。四面边声连角起。千嶂里，长烟落日孤城闭。浊酒一杯家万里，燕然未勒归无计。羌管悠悠霜满地。人不寐，将军白发征夫泪。

先生吟诵的第二首是：碧云天，黄叶地，秋色连波，波上寒烟翠。山映斜阳天接水，芳草无情，更在斜阳外。

黯乡魂，追旅思，夜夜除非，好梦留人睡。明月楼高休独倚。酒入愁肠，化作相思泪。

先生吟诵的第三首是：纷纷坠叶飘香砌。夜寂静，寒声碎。真珠帘卷玉楼空，天淡银河垂地。年年今夜，月华如练，长是人千里。愁肠已断无由醉，酒未到，先成泪。残灯明灭枕头攲，谙尽孤眠滋味。都来此事，眉间心上，无计相回避。

三首反复吟诵之后，先生要求我如斯画瓢，如他一般吟诵。古文、古诗文，真的是要吟诵的，只有在吟诵之中，你的心才可以真正地沉浸在那片壮阔的波澜之中。

“出乎其口，发乎其心。”我吟诵的时候，先生插了一句。我继续我的吟诵，并力图将其背会。

“发乎其心，动乎其情。”我背诵的时候，先生插了一句。我继续我的背诵，相信很快就能完整记下了。

“动乎其情，养乎其性。”我熟记下来的时候，先生再插了一句。

背罢，先生开讲。格律、韵律，他一略而过，“此非宋词的精髓，能记则记之，忘却又何妨！”他说。关于诗词的格律，他说这些外在的形式，并不重要。想想今日，许许多多以文人墨客自居的人，摇头晃脑于长短句的格律和韵律，该是多么的不值！我的先生，在一开始为我传授宋词时，就讲明了这些只是空空的壳儿，没多少用的。就在我写这篇小文的前些时，有位来自武汉的房地产老板，兴趣盎然地请我赴宴，席间阔谈词律，并将他的那些作品向我展示。后细看之下，也不过如“大雪压青松”之类的打油诗。吃着他的豪宴，瞥着他的俗诗，我的心里只为他生出一丝怜悯。

格律一略而过，内涵却要详加分说。这是先生的风格。他说过，古文，是以出乎其口，而要养乎其性的，也就是要陶冶情操，成为人格中的一部分的。先生如此，也要学生如是。范词苍凉，虽不慷慨，却多感伤。先生对刚刚教我背会的三首范词，进行解说。

范仲淹留词甚少，据说仅存四首。先生教的这三首边塞词章，漫漫乡愁沾满笔墨，荡荡朔风透过纸背。先生尤其喜爱词中言酒的几句。第一首是“浊酒一杯家万里，燕然未勒归无计”。第二首是“酒入愁肠，化作相思泪”。到第三首则是“愁肠已断无由醉，酒未到，先成泪”。先生说，三首未离酒，三首酒不同，先是闻酒思乡，次是饮酒思乡，到最后是酒未到，已思乡。细细品味，其味无穷呵。

早年用马驮着银子就读国立武汉大学，相信他的父亲，就巴望他可以入将出相，光宗耀祖的。我也猜想，先生也如此想过的。然而，时不利兮运不济。先生大学的岁月，是一个动荡的岁月，民族危难，人民疾苦，河山破碎，纷争迭起。覆巢之下，安有完卵？先生的大学生活，改变了他求学的初衷。他也如他的同学一样去上街游行，去罢课抗争。热闹过了，斗争过了，倚红的走向红色，靠白的走向白色，先生不红不白，只是怀着一腔义气和一种义愤而参与，他没有明细的理想和追求。当尘埃落空的时候，他成为浮在空中的一颗真正的尘埃，哪一边也没有选择他，而他，也无法选择哪一边。于是，这颗空中的尘埃开始坠落，坠落在家乡的土地上，开课成为一个私塾的教师！

我们看《水浒》，经常有那些掀起波浪的人，因为无可选择，便会削了发，做了和尚。对先生来说，他也是同样的心情和环境下，选择了遁入小村，做一名私塾老师——先生。从此他成为方圆百里的先生了。

中间状态的人生是逍遥的，亦是无奈的。尤其浪潮滚滚东去的时候，你的寂寞，只有你自己知道。就像万山正在红遍，而你独处寒秋。如此寂寞之中，仍能为自己定位，仍能怀一腔激情，我想是可以用“大隐”来比喻的，虽然无奈，却不无为。

据说，先生收徒，是门户大开，海纳百川的。三尺之童，八尺青壮，来者不拒。区别只在于“束脩”，就是学费。旧时代没有正规的小学中学，乡村只有私塾。我的祖父开的私塾，以数理算法为主，因为祖父主修的是算法，而先生，当然以传统国文为主了。束脩，本意可能是晾干的腌肉。春秋时，孔子开学，找到孔子门上的学生，送腌肉以作为学费。束脩，就成了学费的代名词了。

先生不以学生年龄定学费，不以教学长短定学费。以什么来定呢？好在那时并没有审计局和物价局来制约他，也没有教育局来定指导性价格，先生便可以自由主张。他，以学生的优劣，成绩的好坏来定学费，如此定法，可能古今罕见。

某年春节过后，私塾开学，家长倚门相望，子弟鱼贯而入。先生公布他的学费标准。

“今有楚辞三章。发与你等。”先生说。说话的音调，亦如诵文。

“楚辞三章，以定学费。”先生说。

“今日背会者，学费鸡蛋一枚；明日背会者，学费青鱼两条；三日不会者，学费肥猪一头。”先生说完，家长毫无异议。每年如此，大家习以为常。据说，有一年先生定学费，用了《诗经》三首，当日背会的，竟然是小米三粒！三粒小米而交一年学费，亦奇亦绝！

勤奋而专注的，多为穷家子弟。为了省学费，子弟们不得不全心于经文。因此，以三粒小米或者鸡蛋一枚而上学的，年年不乏其人，其人必是穷家子弟；以肥猪一头而上学的，年年大有其人，其人必为富家公子。如此算来，先生的私塾，也并不亏损。

收费厚此薄彼，授课一视同仁，这是先生。先生温文尔雅，从不用戒尺，因此也从不责打学生。他按自己编定的程序授课，一节一节讲下去，能跟上的跟上，跟不上的决不强求，也不考试。他的名言是：成材的林木何须削砍！就是说，这棵大树，如果他会成材，你无须用刀斧为他剪枝；若他本是一株灌木，无法成材，纵使你千刀万砍，亦无法成就一棵参天大树。他，为师崇尚的是顺其自然。因为从不责罚学生，因此也从无学生怨恨他。旧时代不体罚学生的私塾先生，少之甚少。哈哈，这位先生是好好先生。

是好好先生吗？非也。有次村落发生械斗。贾、李姓，为了些许的争执，从孩童的拳脚相向开始，变成了两族之间的械斗。贾、李两姓，本来是临界而居的，械斗发生之际，两姓的青壮年们抬出狩猎的大型火铳，分别架在自己的村口上，又是滴血盟誓，又是烧香祭祖，似乎要你死我活，血染荒野。旧时代的政府是形同虚设的，几乎没有人过问，也无法有人可问。先生从他的私塾学生口中知道这一险讯，立即罢了课，穿着方口黑布鞋，穿着灰色长布衫，腋下仍不忘夹了一卷刚刚讲解的经卷，往械斗的村口赶。到达械斗的战场时，贾、李两姓的火铳里，已经填满了火药，火药刺鼻的味道，在旷野弥漫。先生搬出他的孔孟之道，周公之礼，凭是舌干口燥，也无法化解对峙的刀枪。急了，先生站在对峙的火铳中间，脱去灰色长衫，大吼道："你们开火吧，你们把气打到我身上吧！有种你们就开火！谁不先开火，谁是王八蛋！"先生骂开了。可能，这是这位文雅的先生生平第一次如此开口怒骂。两边的人惊呆了，谁也不敢开火，谁也不想当先生骂的王八蛋，当然，谁也不敢去碰这位先生。要知道，在旧时代里，师者如父，冒犯师就是冒犯自己的父，是大逆、是大不孝，是要遭天遣的！肃静之后，贾、李两姓的人们似乎清醒了，一个个撤去火铳。一场将血流成河的械斗，就此化解于好好先生的怒骂之下。

先生的胸腔里，涌动着侠士的热血。

范仲淹的词，范仲淹的文，均是先生传授给我的。他传我这些时，已经年过七旬。岁月经纶，让他经历了时代的大变迁，却没有磨灭他胸臆间的大智慧。在先生的眼里，范仲淹是文人的典范，是他内心最敬重的文人种子。何以上下几千年的文人墨客中，先生独钟情于宋代这位儒士？先生如是评说：“百无一用是书生，千古文人空叹息。唯有一位范仲淹，破了书生无用的局。为词为文，传颂了千古；为官为将，开拓了疆土。上马可定乾坤，下笔能评春秋，这是范仲淹啊！文人，做一个好文人，就要像他那样。”多年之后，先生当年的评语，依然时时在我的耳际回荡，如暮鼓，如晨钟，总在我迷茫的时候，一次次撞击我的心扉！我知道我们是可望而不可即的，但我也知道我们必须时时望其颈背，用伟人的颈背，作自己的一面人生镜子，去走人生该走的路。

先生说文，先生也讲史。千年的文明史，烂熟于他的心中，信手拈来，一个个历史人物，一幕幕历史活剧，熠熠生辉，让人如饮甘露。我记得先生曾为我讲述过汉，讲述过唐，讲述过清。先生的史观，应该就是一个文人不偏不倚的真知灼见。他兴高采烈于华夏史上这三个最辉煌的时期，说这是我们历史上三个最强盛的时代，汉武开疆拓土，唐皇贞观之治，康乾盛极之时，中国历史上三个可以称之为强盛的时代，让他念念不忘。当然，他也讲衰落，也讲分崩离析。似乎讲的最细的，是晚唐时期和五代十国。他说，范文澜先生用五代十国来称呼晚唐与初宋时期，但先生自以为，五代十国，是应该以残唐来称呼的，也许，谓之残唐，更为恰当，盛极而衰，强极而残，是中国一直没有走出的历史怪圈。而述及残唐，先生对那个臭名昭著的石敬塘，述说略致。在先生的眼里，石敬塘是一个让他扼腕叹息的人物。残唐群雄并起，不，应该说是群盗并起，暴君迭出，除了争斗厮杀，几乎没有一个安民安社稷的皇帝出现。而石敬塘称帝之后，却不乏其善良与聪慧，治贪吏、禁酷刑、兴耕作、奖农桑，在残唐走马灯似的帝王中，几乎是唯一的一个善于和勤于治国的皇帝。残唐五代，帝王如走马灯似的变幻起落，其中最大名鼎鼎的当数石敬塘，而最臭名昭著的，亦属石敬塘。石敬塘生于太原，因善战，不断升官，之后，他为了讨胡儿欢心，一下子送给他的干爹——契丹皇帝耶律德光十六个州，从此背上千古骂名。平心而论，石敬塘前半生为几任后唐皇帝东征西讨，确实做了不少好事；后半辈子称帝，在胡儿威逼和内患绵绵之中，战战兢兢，而且十分节俭，勿枉勿纵，民生稍安，是残唐五代最为安定的时期。然后，千载汉奸的骂名，却也铁案如山，任谁也翻不了。割让土地于外族，千百年来，石敬塘为首开先河者。

先生说到此，总是痛不可当，他说："纵然可以做一千件好事，却决不能失一次大节。节义是中国人的命根子。"他，是要以史为鉴，让我心里明白。他还由此说到孙中山先生的同盟会。他告诉我，同盟会在日本成立时，立志驱除鞑虏，兴复汉室。因此，汉奸是为大敌。宣言中有一条："恢复中华。中国者，中国人之中国，中国之政治，中国人任之，驱除鞑虏之后，光复我民族的国家。敢有如石敬瑭、吴三桂之所为者，天下共击之！"一个做了汉奸的人，无论你曾经有什么功劳，终是不能将你从历史的耻辱柱上摘除下来。

明史的先生，谨守自己的节操。六十多年前，年轻的先生正做他的乡间老师，日本人的军队占领了我的家乡，要将他的私塾改为日语学校。

刺刀面前，先生又能做些什么呢？许多手提重兵和手握枪炮的人，不都已经降的降，跑的跑了吗？先生接过日本人的教材，但先生却故意将教材上的日语，全部用汉语发音来念读，弄得日本人也没办法。先生称："我没学过日语，不会。要教，只能用汉语来读。"等日本人找到了会日语的汉奸当老师时，先生却说他的房子要装修，一下子拆了教室，干脆不办学了。铁蹄之下，如先生这样的文人，他所能做的，也仅限于此了。后来日本人恼怒了，没收了他家的宅基地，一直到日寇投降，国民政府才将宅基地归还给他，而且为了表彰他的不畏强权，又在原地上给他盖了一座新的大宅，让大宅里重新响起了朗朗书声。

先生的私塾，一直延续到了上个世纪的五十年代。新中国办起新小学，先生的私塾才不得不关门歇业。尔后，不当先生的先生，当起了那个特殊时代的"运动员"，每次搞运动，都少不了他的份，他一次又一次成为批斗和迫害的对象。1957年反右派，先生当然是乡村的右派了，就冲他上过国立武汉大学，就该是个右派呵！然后是"四清"运动，先生又成了"地富反坏右"的重要成员，又成为批斗对象。一次次挨斗，一次次挨整，先生却没什么怨言。他后来对我说："新中国还是好，虽然我挨了许多整，可是，新中国不打仗，不杀人，老百姓不逃难，生活苦，却生活安宁，这多好呵！"我相信先生的话，是他的肺腑之言。能有如此肺腑之言的先生，真可以与古时候的大贤大儒比肩了。

少小的时候，我目睹过先生所经历的"文化大革命"。那是上个世纪六七十年代中国土地上的一场空前的劫难。所有的传统都被破灭，所有的尊严都被颠覆，所有的善良都被亵渎，所有的美丽都被丑化，所有的好人都必须穿上魔鬼的服饰。先生，这位旧时代的豪富子弟，这位旧时代的私塾老师，当然被批判，被斗争，被体罚。好在他当年教过的私塾子弟们均已成人，许多人出身贫寒，根红苗正，是革命队伍里的中坚。有一回城里的“红卫兵”组织到了村里，将先生的长衫撕烂，连踢带打地将他带进城里。等村里人们赶到小城时，先生已被折磨得奄奄一息。此役之后，先生那些也成为红卫兵和革命中坚的私塾子弟，也长了心眼。他们轮流排着队开先生的批斗会，就是不把先生的时间留给城里人。有一次，我看到先生被带到村里小学的操场上，他曾经的弟子们，给先生搬来一把椅子，放在柳树下的阴凉地，命令先生坐下，然后开始开斗争会。先生可以摇他的芭蕉扇，可以喝他的茶水，甚至可以眯起眼睛打个瞌睡。当然，批斗会的程序还是要照常进行的，口号是要喊的，罪状是列的，反动分子的牌子也还是要挂在他的胸前的。每当城里的红卫兵们来批斗先生时，村里人们就说，我们每天都安排了批斗他的会，他没空！就这样，先生得以少受许多皮肉之苦。少不更事的我，看着这些，也常会从内心里笑出来，是开心的笑呵！

当我们会心而笑时，先生平静的外表下，内心也许隐藏着无限的忧伤，只是我们无法看到。所有的传统都成了“四旧”而被打翻，所有传统的文明都被一一颠覆，先生，是不是在担心读书的种子从此湮灭？至少，读书的种子，在先生的后代中，已经断裂了！由于先生是大地主出身，当时的红色政权是有规定的，像他这种家族的子女，只能上到小学毕业，不能再升初中。先生的几个儿子，读完小学之后，便一个接一个回家做农活去了。也许正因如此，上了初中，又上了高中的我，先生十分钟爱，每年暑假寒假，先生总是一清早就夹着那些老旧的经卷，到我家里聊天、看书，引导我学习古文和历史。那份本该赐给他的儿子的爱，全都倾注到了我的身上。我，成了那个特殊时代的受益者。

在我的记忆中，先生在一个个夏天和冬天，为我几乎讲完了《古文观止》的全本。在我的记忆中，先生在一个个夏天和冬天，为我几乎讲完了上下五千年的通史。先生吟诵的声调，先生说话的语气，先生讲述的神态，如血液般注进我的身体，成为我生命中的一部分。如果说他希望有一个他的传人，那就是我，也只是我。

我上了大学之后，每次回乡休假，先生依然诲人不倦，依然夹着经卷，不厌其烦。那年我大学毕业，临赴北京工作之前，返乡休假一周，先生带着他的《古文观止》，又一次为我上课。他将《出师表》和《陈情表》放在一起，给我讲解。其实，这两篇古文，我早已烂熟于心，先生亦分别给我讲过多遍。也许先生看出了我的烦躁，他对我说："子曰，学而时习之，不亦乐乎？我们再看一次，又有何妨？而且，习研古文，每一次总能看出不同奥妙，那才是真的融会贯通了。"读着读着，先生说："诸葛亮《出师表》，通篇只有一个字——忠；李密《陈情表》，通篇也只有一个字——孝。读《出师表》不哭者，为不忠；读《陈情表》不哭者，为不孝。男儿立身于世，忠孝不可不谨记于心！有忠有孝，能除心中的奸与恶。你记好了！"说完，先生瞪着我，不发一言，默然离去。他穿着灰色长衫的背影，渐渐走出我的家门，在正午灼热的阳光里慢慢远去。忠与孝这两个字，成了先生给我最后一课的赠言。

当年冬天，当我重返故里度春节时，邻居们告诉我，先生刚刚去世！忠与孝，成了先生与我的永诀。

乡里的风俗，老人去世，春节的时候，门框上是不能贴红对联的，只能贴祭奠先人的白纸对联。先生的儿子们没有读什么书，来找我为先生写祭联。当然，我的心里，也充满了无限的哀思。沉思片刻，我为先生写下了这样的一幅祭联——

教言犹在耳
忠孝岂忘心

先生，如果生命可以轮回，我就是你的轮回。

借我一腔激情

我就读的那所中学，偏远而又毫无名气。上个世纪七十年代的高中，是两年教育，高二时，我们就面临毕业、面临高考。就在我升入高中二年级时，班里来了一位新的语文老师，他叫韦力田。韦老师五十多岁了，小个子，干瘦，面色永远苍白，只有那双不大的眼睛，时时闪烁着一种激情。

新学期开始的第一天，韦老师来上语文课。这是他给我们上的第一课。乡村中学，因为资金缺乏，白天是不敢在教室里开电灯的。站在幽暗的教室里，站在宽大的黑板前，他瘦小的身躯，看上去如同一棵干瘦的树干。韦老师走进教室的时候，如果不是手中拿着书本，你绝对想不到他是一名教师。干枯而稀疏的头发，零乱地覆盖在他的头上，有的倒向左边，有的倒向右边，有的作冲冠状，有的半立半卧。他是个从不收拾自己头发的人，也是个从不关心自己发型的人。胡茬黑黑的，在他消瘦的脸上，十分显眼。一件已经被洗的有些发白的灰色中山装，套在他干瘦的身上，就像挂在一幅老旧的衣架上一样。中山装的上领那儿，掉了两颗扣子，敞开的衣服，让他脖子下的几根胸骨清晰可见。一双旧布鞋，带着乡间的泥土。韦老师整个人就像刚刚从庄稼地里回来的老农民，没有书卷气，没有文人味，没有教师像。他，将会成为我们高考前的语文老师？同学们面面相觑，有些不信。

第一课，他没有按语文书上的顺序开讲，甚至没有带来书和任何教材。拿起粉笔，他在黑板上一行行写下来，一会儿就写满了黑板。

“这是屈原的《涉江》，你们抄下来。今天就讲《涉江》。”他说。

我们抄着这首楚辞时，他并没有闲着。背着手，韦老师在教室来回走着，同时，高声吟诵着———

“余幼好此奇服兮……”

高吭的声音中，带着几许淡淡的忧伤。

我时时抬头，偷偷看看这位新来的老师。他微闭着双目，不停的，一遍又一遍吟诵着——

“余幼好此奇服兮……”

高吭的声音中，带着几许淡淡的激情。

抄完，我再次抬头看他，他仍然微闭着双目，神情庄重而肃穆。我在想，老师已经沉浸在屈原诗词的情愫中了。

这一课的时间，让我觉得格外短暂。他讲屈原的生平，讲屈原的诗辞，讲屈原的流放，讲屈原的悲凉。一首《涉江》，在他的阐释中，深深打动了少年的心。时至今日，我依然觉得，这是我此生记忆最深的一课！

韦老师就这样在《涉江》的气氛中，来到了我们班，来到我们中间。

人不可貌相，海水不可斗量。许多看似平凡，看似平庸的人，却有满腹经纶，有满腔豪情，有满怀侠义。只是尘世的尘埃，蒙住了他闪烁的灵魂；只是凡世的俗务，缠住了他热情的翅膀。一切不得已的生活，让他只能平凡地活着，但却不代表他愿意这样平凡下去。

中学唯一的这个文科班，一共只有34名学生。34名学生，几乎都是农家子弟。破烂的衣衫，黝黑的面容，清瘦的身躯，是我们每个学生共有的特征。当然，我们还共着同一个心愿，同一个理想，那就是考上大学。在那个年代，农家子弟别无选择，要么种地，要么考出去。只有上大学，才能彻底改变农家子弟的命运。

韦老师深深地知道这一点，所以，他将我们的语文课安排得井然有序。将应考的各种复习内容，一直安排到考试的前一天，并写在一张大大的纸上，张贴在教室的墙壁上，这样，我们时时可以对照这份时间表安排自己的功课。空余的时间，他便给我们讲诗词歌赋。而一旦讲到这些，他总是充满激情，像一个从远古走来的行吟诗人。他的表情，随着诗词的意境而变化，或喜或怒，或悲或笑，好生痛快，好生淋漓。这样的时候，我会静静地看着他，我的心会随着他一起搏动。

有一天上完了功课，大概还有二十多分钟的时间才下课，韦老师用粉笔，在黑板上写下了岳飞的《满江红》：

“遥望中原，荒烟外，许多城廓……”

写罢，他浅诵低吟，细细讲解。讲到“民安在，填沟壑”时，两行热泪，顺着他的面颊凄然而下，我相信我的老师一定有岳飞一样的悲伤，而我们，也完全沉醉在岳词和老师的讲解中。讲到词尾“待归来，重续汉阳游，骑黄鹤”时，他双手伸向天空，仿佛要展翅高飞。老师用话剧演员般的魅力，演绎了这首气壮河山的诗篇。他讲完了，教室里寂然无声。下课铃响了许久，他才默然离去，而我们，呆坐在椅子上，没有一个学生起身，师生完全陶醉在同一种气氛中。多少年后，我们那些同学，无论身在何处，只要一提起中学的岁月，都会情不自禁地谈起韦老师讲解的诗词，谈起他讲解时那种全心投入的激情。可以说，他以他的激情将我们带向了高考，以他的激情带引我们步入人生的道路。

也许是受了老师激情的感染，同学们的学习，愈加刻苦。晚自习，从来没有老师在教室，可大家总是安安静静，一直到熄灯为止。班里包括我在内的十多个学生，离家太远，每天往返十多公里，太费时间，而学校又没有多余的屋子给我们住宿。韦老师协商校领导，特许我们住在教室。每天晚上熄灯后，我们将课桌拼起来作为床，清早收拾被子，堆在墙角，开始学习。一个贫穷的乡镇中学，条件只能如此。然而，高考的结果，却让这个中学威名远扬。我们这个34人的文科班，一下子有33人高考中榜，升学率近100%。刚刚恢复高考的那几年，农村的升学率大概只有百分之一，而一个乡镇的文科班，居然有如此之高的升学率，真是一个天大的奇迹！为此，据说省里和县里重奖了学校，也重奖了老师们。后来，我问韦老师，问他得到的奖品是什么，他从口袋里掏出一只小巧的半导体收音机，说："就是它！"上世纪七十年代末，这样的收音机在穷乡僻壤是十分罕见的。

作为班里的班长，我常常得将作业本送到韦老师的家。准确地说，那不是他的家，只是他的宿舍。他的家在十多公里的农村，妻子是农民，孩子们和妻子生活在一起。韦老师是学校的单身汉，住在一间不到八平方米的宿舍，宿舍里仅有一张床和一张小小的桌子，那桌子既当书桌又当饭桌。韦老师和我们一起，吃学校的食堂。中学的食堂只有一名炊事员，只有一口大锅。食堂早晨只有稀粥，中午和晚上只有米饭，从来不炒菜。没有菜，怎么吃饭呢？

我们这些穷人家的孩子，自有穷人家孩子的办法。我们每星期回家一次，上学时，会用一个罐头玻璃瓶，装上咸菜，有时是咸萝卜，有时是咸辣椒，有时干脆就是一瓶泡在醋中的大蒜头。韦老师是学校的单身汉，所以，他和我们一样，星期六步行回家，星期天返校时，带上一大瓶咸菜，就靠着这瓶咸菜，咽下整整一星期的粥和饭。与我们不同的是，韦老师的咸菜瓶很大，是土窑烧制的那种大瓷罐，色泽橘黄，盐迹斑斑，小口大肚，一罐相当于我们好几瓶！许多时候，我们瓶中的咸菜，经过好多天的陈放，早已发霉，长着一层细细密密的白毛，那是细菌衍生的东西。可是，我们还得吃，否则你就没得吃啊。幸运的是，我们虽然吃着这样的食物，却从来没有人因此生病，真的是如有神助啊！我们是穷人家的孩子，而韦老师则是穷人家出身的老师，所以也过着和我们一样的生活。

星期四和星期五，是我们最难受的日子：同学们各自带来的咸菜，往往已经告罄，早晨的稀饭，倒是不难喝下，可中午和晚上的米饭，常常是南方最难吃的那种陈年糙米，真是难以下咽。这时，韦老师就不在自己的宿舍吃饭了，每到中午和晚上，他一手端着饭碗，一手提着那个大号的咸菜罐子，到教室里和我们一起吃。一边吃饭，他一边扬起筷子，敲着咸菜罐对大伙说："来吧来吧，有难同当，有福共享，有咸菜共食之！"于是，我们便围了上去，围着那罐咸菜，坐成一圈，共吃着同一罐咸菜。韦老师一边吃，一边背诵某篇散文，或者某首古诗词，或者某篇古文。生活虽然苦涩，气氛却是高昂。有一天中午，我们又围着他的咸菜罐坐成了一圈，韦老师吃着吃着，一句句地给我们背诵《七发》："天将降大任于斯人也，必先苦其心志，劳其筋骨……"其实，这是韦老师给我们上过的一篇课文，同学们都还记得。于是，大家一起同声背诵，先是小声的吟，后来是大声的诵。大家一时兴起，背了一遍又一遍，背着背着，同学们放下了饭碗，忘记了饥饱，忘记了时间。青春少年的激越之情，在破旧的教室回荡，穿过门窗，穿越操场，引得其他班级的同学们纷纷围观，有的同学在外面围观着，也和我们一起背诵，一遍又一遍地背诵。场面何其壮阔，气势何其伟岸，我直觉得声震林木，响遏行云！

停息的时候，韦老师朗声笑道："人生三事最幸运，一是洞房花烛夜，二是金榜题名时，三是喜得英才而育之。得天下英才而育之，不亦乐乎！"我们也朗声大笑，对他说："有你这样的老师同甘共苦，不亦乐乎！"韦老师显然高兴了，他摇头晃脑，对我们说："苟富贵，勿相忘哦！"这是司马迁在《陈涉世家》中的话，是起义领袖陈胜未曾富贵、于田间劳作时所言，我们当然记得典出何处了。老师于我们高考前用到这句名言，显然颇有趣味。于是，教室里扬起欢快的笑声，教室外面围观的同学，也笑成一片！

寒冷的冬天到了。学校经费缺乏，不能烧热水给同学们饮用。学校前面的那条小河，也到了枯水的季节，只有河中央有一道清澈的水流。每天下了晚自习，学校的电灯熄灭了，我们挽起棉裤，摸着黑赤脚趟过长长的淤泥带，到河心打上一盆水，带回教室一起饮用、洗脚。有的同学在打水的路上滑倒了，棉衣上一层黑泥，第二天上课，也只好穿着满是烂泥的棉衣。农民家的孩子穷呵，一个冬天，甚至几个冬天，就只有这一件过冬的棉衣。韦老师知道我们打水的事情，心疼不已。他曾经找校领导交涉，希望能够为学生们提供凉水。可是，学校只有一名兼做饭的老校工，学校做饭的用水，还得靠那名老校工白天到河心去挑，他实在没有余力为我们供水呵！一天晚自习结束的时候，韦老师从口袋里面拿出一只崭新的手电筒给我，说："以后你们打水，用这个照照路，别再滑倒了。"他说的很平淡。后来我们知道，他是用自己的工资买下了这个手电筒。那个年代，像韦老师这样的乡镇老师，每月的工资，也不过十六元钱，而这个手电筒，花去了近两元，超过了他月收入的十分之一。从那以后，我负责保管这支电筒，每到半夜，我们靠着电筒微弱的光，排成一行踏过烂泥，到河心打水，然后又排成一行回到教室。寒冷的长夜中，韦老师送给我们的电筒，成了我们的指路明灯。漫长的人生中，这闪烁的灯光，也一直在我们心中长明不熄。

高考来临时，有的班级如临大敌，如履薄冰；有的师生惶恐不安，坐卧不宁，忙着最后的冲刺，背书，猜题，忙乱不已。而我们的韦老师，却气定神闲，最后的一课，居然是讲陶渊明的大作。他高声吟诵着："采菊东篱下，悠然见南山……"不慌不忙，不紧不慢。课毕，他说："该会的你们都会了，上吧，冲吧！"然后，他老人家甩手而去。当然，结局已在意料之中，他的学生大获全胜了。

我们中学毕业20周年的时候，班里的同学提议，召集散在各地的同学，一起同返母校。消息传到了乡镇政府，政府部门热情有加。那天，正值江汉大平原夏季最热的时候。来自全国各地的同学，有文科的，有理科的，一下子回来近百人。他们有的开车，有的携带妻子，还有的带来自己的秘书，纷纷回到了母校。母校变了，母校在当地经济飞速发展时，分享了成果，过去破旧的教室，已被楼房代替；过去长满荒草的操场，已被水泥地代替。唯一不变的，是曾经教我们的韦老师，仍然返聘在校任教。同学们纷纷拿出厚厚的红包，放在学校会议室的桌上。我的老师，居然没有正眼看一下那堆放高高的红包，而是在我们面前慢慢走过，细细端详每一张面孔。走到我的面前时，韦老师停下来，拍着我的肩，摸我霜染的两鬓，低声说："长大了，成人了！"我看着老师满头的白发，满额的皱纹，竟一时说不出话来！

中午时分，镇政府为返校的同学们摆下了酒宴。酒宴就设在学校的操场上。镇长例行致辞，同学们高兴地入座。正当我坐下时，一名老同学悄悄地告诉我："酒席上怎么没看到老师们?!"

我站起来，举目四望，真的没有一个老师！

我找到镇长，问："老师呢？"

镇长正要举杯，随口答道："回来的学生太多，坐不下，老师就不安排了。"

我的心感到一阵冰凉，说不出是什么滋味。我拿起麦克，大声地对同学们说："文科班毕业的学生，请你们听着！"我曾是文科班的班长，我想我可以要求我的同学们做点什么。

"文科班听着！"我重复。场面鸦雀无声。

"文科班听着！因为座位不够，老师们没法就坐。文科班全部让出来，请老师上坐！"我说。

所有的同学，不分文理，全部站起来，放下了酒杯。于是，我们的老师们终于坐在酒席中最中间的那一桌。韦老师说："看到你们回来，我就高兴了，吃不吃饭，喝不喝酒，不重要呵！"可是，在我的心中，没有他，怎么会有我们？

最后，文科班的30多名老同学，没有了座位之后，都蹲在操场上，他们拿着酒杯，给老师们挨个敬酒，当然，敬的最多的是韦老师。我有几次悄悄看他时，他正用衣袖擦拭面容，不知道是擦汗水，还是抹眼泪。

这时，韦老师拿起酒杯，摇晃着走到操场边，走到蹲在地上喝酒的学生中间。他盯着我，混浊的双目，说不出是慈爱还是感伤。

"陪我喝杯酒，我求你一件事。"韦老师对我说。

20多年来，韦老师和我，虽然常有书信来往，却从不曾有什么事要我去办。我没有报答他一分一毫，在心里一直觉得欠了我的老师。今天，他说的任何事，我都会尽力去办的。我在心里这样想。同学们也在说：韦老师您交待的事，他办不了，还有我们呢。同学们的话，是真诚的，他们也同样怀着一颗报恩的心。

“我只要他做这件事。”韦老师用手指着我。

“好。”我应声站起。

“我已经七十多岁了，身体不好。将来我死了，你要为我写一篇碑文，立在我的坟前。这就是我求你的事。”他说的很平静。

我，我的同学们一下子静了。大家静静地看着老师，握杯的手停在空中，咸湿的汗在脸上滑落。

曾经的岁月，高考前曾经的往事，在我的心中闪过。我想对你说，韦老师，因为有你，年少的我们才有了激荡的热血；因为有你，凡俗的我们才有了冲天的热望。我的恩重如山的老师，你的要求竟然是这点吗？韦老师，你一直就是我心中的一座碑啊！刹时，我的泪水夺眶而出，与汗一起流在脸上。老师，还有同学们，也许并没有察觉这些，也许察觉了，也许他们也怀着我一样的心情。

人生短暂，岁月无返。人生岁月中难忘的真情，亦如颗颗珍珠，尘封在流逝的时光里。只有这样的时候，只有忘情的时候，颗颗珍珠才会骤然跃出尘封的时光隧道，烁烁生辉，讲述你曾经动情的过去，也会照映你将来的岁月。虽然人生多难，虽然旅途多折，但是，我们总会怀着过去岁月中曾经点燃过的那一腔激情，正是这一腔激情，成为我们胸臆中浩然的正气，激荡着我们青春的热血，让我们遇险涉险，遇难克难，生命之帆总是在劲风鼓荡之中！

永远珍藏的处方笺

脚下是千沟万壑，身旁是云海翻涌。飞机从黄土高原的并州起飞后，我的心就已按捺不住。——我要到上海了，回到那个阔别了20年的城市。

十年弹指一挥间，20年又何尝不是？当中国的命运刚刚复苏的时候，我，一个普通的农家少年，因为高考，得以一步登天，进入上海复旦大学。16岁的我，提着土布的背包，背着土布的行囊，穿着土布的衣和鞋，站在复旦大学宽阔的校门前，不敢相信这一切竟是真的！从这一刻起，复旦改变了我的命运，复旦塑造了我的命运，复旦成就了我的命运！这一刻之后，我时时想着复旦，时时怀念复旦，时时祝福复旦更加辉煌，也时时想起我的辅导员章玉梅老师。在我少年的心中，章老师就是一盏长明的灯！

四年的大学是短暂的，四年的学习是迅捷的。四年中有许许多多复旦的一草一木感动过我，激励过我，四年是一本人生的大书，我写不完，写不尽，我只能用一生去品味，用一生去怀念。而这四年将结束的那最后几天，却是这本大书中最壮美的一页！

7月的一个上午，上海很热。我所在的毕业班通知开会。会议的主题，是由老师和辅导员主持并发给每个学生毕业分配派遣通知单。章玉梅老师站在平日里授课的讲台上，一个一个念学生的名字，一张一张发通知单。章老师四十多岁，短发，清秀，消瘦，说着温软的上海普通话。

刚刚恢复高考的前三届学生，毕业的去向都是乐观的。十多年的人才空虚，中央机关、国家机关人才奇缺，而复旦作为一流的名校，她的弟子供不应求呵！或许是好单位太多了，所以，同学们难免会挑肥拣瘦，都想去自己最理想的单位。我呢？我是班里年龄偏小的学生，班中年长的同学，比我大了十多岁。大部分的同学，比我长三岁以上。他们曾经工作、下乡的阅历，使他们更成熟、更练达，更具备挑起重担的各种素养。所以，当章玉梅老师一个个念着同学们的去向时，我由衷地为同学们高兴；当章玉梅老师久久没有念到我的名字时，我也由衷地没有感到任何失落！

可是，全班同学的名字宣读完毕之后，章玉梅老师仍然没有念到我。当章玉梅老师宣布会议结束的时候，她还是没有念到我！我有些慌了，是老师忘记了我？还是别的什么原因？

时间只有一刹那，可意识却翻涌而过。我是学校的团干部，我是上海当年的优秀团干部，我在校实习的时候，作品就获得过省部级的奖励。为什么没有给我分配？为什么分配名单中没有我？我茫然望着站起身来的章玉梅老师，欲言又止。

同学们欢天喜地，一个个鱼贯而出。章老师不紧不慢收拾着她的书包。而我，在教室中等待着她。

“罗，送送我吧。”章老师说，人去楼空。她对我说。

陪着章玉梅老师，走在复旦梧桐遮日的林荫道上，我无语。章老师从她的旧书包中拿出一张小小的白纸片，递给我。

“罗，这是你的通知单，自己看看吧！”她说。

手掌大的纸片，盖有复旦大学鲜红的图章，写有我要去的地方。哇，我惊喜万分，这个北京的中央某直属单位，不就是许多同学曾经多次要求分配去的地方么？

“老师，我没有想到去这么大的单位，我没想过。”我有些激动，有些不知所措。

章玉梅老师轻声细语，每一句都深深打动我的心。她告诉我，确实许多同学想到那儿去，他们也确实很优秀。她又告诉我，我们决定让你去，虽然你没有要求过，但是，你年轻，年轻就有优势；你是团干部，有活动能力，活动能力就是工作能力；你有过获奖作品，作品就是你是实力的表现……她轻轻地这么说着，我静静地这么听着，复旦高大的梧桐树为我撑起遮阳的大伞，复旦笔直的柏油路为我展开前行的方向。章老师，原来对她的每一个学生是如此的了解，是如此的精心安排。

末了，我感激地说：“章老师，走之前，我去看看你好吗？”

章玉梅老师说：“不用了，我不会再来了！”她说的如此平静，以至于我根本没想过她这句话的任何意思。我以为暑假到了，她要休息一些时间，所以方才这么说。

大学四年，除了在校园里，在课堂上见到章玉梅老师，我没有去过她的家，没有单独拜访过她。除了清清爽爽的师生情谊，没有一丝交往。可是，当我和我的同学面临命运的抉择时，章老师竟能为我们做出如此细心的安排。在今天看来，似乎是一个久远的神话！

神话就是这么发生着，神话也许只能发生在那个年代、那个校园、那一群人的身上。

收拾空空的行囊，收拾重重的书箱，离沪赴京的前一天下午，我设法打听到了章玉梅老师的电话。打通电话后，我等了好久，章老师的爱人才来接。原来，那时上海的居民几乎没有住宅电话，每个居民小区拥有一部公用电话。所以，章老师的爱人，是由居委会的同志叫来接电话的。

他告诉我：“她病了，已经住院了！”

“什么病？住在哪？”

他告诉我，章玉梅老师早已肝癌晚期，早就应该住院治疗。可是，她是毕业班的辅导员，她说她不能在学生快毕业的时候离开岗位。因此，她没有向大家透露病情，坚持着，一直到分配完毕！我常常听说老师们用心血育人，章老师，不正是用心血培育着我们吗？

打听了章玉梅老师所住的医院，次日清早，我向医院赶去。清贫如洗的我，只能从水果摊上买了三个苹果，祝愿她平安。八点钟赶到医院时，护士们让我在走道里等候，她们说章老师在重病区，不能探视，只有中午家属送饭，才可以进去。我在走道里来回走着，默默祈祷着，从中国的佛，到西方的基督，再到中东的真主，我向他们一个一个地祈祷，求他们为我们的章老师赐福。整整一个上午，我在祈祷，没有停歇。

中午时分，章玉梅老师的爱人送饭来了，我得以和他一同进入病房。章老师一下子老了许多，无力地躺在病床上，橙色的药液，从针管滑下，延续着她微弱的呼吸。她用手指指床边的椅子，让我坐下。看着她正在枯萎的面容，我几乎哭出声来。

“什么时候走？”声音细若游丝。

“今晚的火车。”我哽咽。

“那是个大机关，是个大单位，人才济济。到那儿工作，怕吗？”章老师的声音。

我点头。章老师真细心，她能知道每一个学生的心。知子莫若父，知我莫若老师。

“不怕。”她用母亲一般慈善的声音说。

“我的好同学，在你要去的单位当秘书长。我给他写封信，你带去找他。”章老师说。

没有纸笔。章玉梅老师示意护士，让护士拿来一张处方笺，拿来一支圆珠笔。病卧在床的她，已不能起身，纸放在哪儿？她怎么写？

“转过来，把背给我。”她对我说。

我明白了。

我蹲在地上，不，几乎是跪在她的床前，背对着她。章玉梅老师的爱人将那张处方笺平铺在我的背上，章老师以背为桌，躺在床上，用圆珠笔为我写下这封信。感受着她书法的笔力。我想到的是岳母刺字的悲壮。

我不记得是怎样离开病房的，不记得章老师还说了什么。我的心，我的全身，已经浸湿在苦痛和感激的泪水中！

离开了上海，离开了复旦，离开了章老师，年少的我来到北京，就像一珠水滴，一头扑进了茫茫大海，在奔腾的波浪中起航，在起伏的潮水中沉浮。多少次，多少回，我都想拿出这封信，拿出这张处方笺，去找她的同学，我们单位的秘书长。可是，我没有，我从来没有拿出这封信。我舍不得啊！这是我的老师在她生命的尽头给我的一片枫叶，是我最珍贵的纪念。我不忍心将这封信送给另一个人，也许能换来我的前程，也许能除去我的烦愁。但是，这一切与那封信相比，又是多么的微不足道！

章老师走完了她人生的旅程，将月白风清的情谊和关爱留给了我。许许多多困难的时候，许许多多痛苦的时候，我会拿出这张处方笺，静静地看着，让心海归于宁静，让勇气涌上心头，让生命直面征程！

20年一晃而过，重返上海了，可上海再没有章老师的身影了，也许她已羽化成仙，是的，像她那样月白风清的人，一定会羽化成仙的。

清清爽爽的生活，清清爽爽的关系，清清爽爽的情谊。没有烟，没有酒，没有纸醉金迷。这样清爽的情谊，也许只能发生在那个清爽的年代，发生在那个清爽的校园。世风演进，世道沧桑，一切都在变化，清爽的空气，已不复再来，我们也不得不去随波逐流，被动的，主动的，在不再清爽的世界中升迁沉沦。这需要指责么？这需要自责么？也许无须，因为我们的心中总是常存着清爽过的情谊，无欲无求，无杂无念，一如明镜的长空，无尘无染；一如清澈的溪流，无波无澜。保有心中的这方净土，就保有了人生的睿智和宽容，风也罢，雨也罢，任他来去，我自从容。

你就这样在我的心中，让我怎能不想你?!

少年的憧憬

又是初秋，又是初秋的傍晚。在武汉东湖畔的办公室里，我推开窗，晚风拂来，湛蓝的东湖水和绿的珞珈山浑然一片，只有远方武汉大学的教学楼圆顶，像橘红的火炬，格外显目。每当这样的时候，我总会转头回去，看看岁月，看看那段让我感动20多年的经历。那是武汉留给一个少年的梦，在一个少年心中种植的憧憬。

20多年前，我是仙桃市的一个农家少年。那个初秋，天还有些热。那天早晨，武钢的知青郭建钢大哥来到了我的家。他说他将要回武汉了，他说他想带我到武汉看一看，吃住么，就在他的家。

听到这些，我激动而又兴奋。13岁的我，一直在乡下生长。和我的同龄朋友一样，我们没去过县城，我们没乘过公共汽车，我们不知道火车什么模样。我们只有从课本上，从大人们的口里知道城市、知道武汉！我和郭大哥一起，向我的父母做了整整一夜的说服工作，终于求得同意。母亲在我的书包里放进了10元钱、5斤粮票，还有带给郭家的20个鸡蛋。第二天清早，我和郭大哥就上了路，到武汉，到我憧憬已久的都市开眼界！

郭大哥身高1.8米，英俊而又潇洒。他穿着那个时代流行的白色的确凉衬衫，蓝色的长裤。我的父亲是当时沔阳县的水利工程师，父亲认为知青有文化，就经常领着这些武汉下乡知青搞勘测、搞设计，很喜欢他们。郭大哥是武汉下乡到我们邻村的知青们的头儿，是父亲的勘测队员，因此，他平时常常到我家里坐坐，喝水聊天。通过他的口，我知道武汉的长江大桥有多么的雄伟，知道武汉的马路有多么的宽阔，知道武汉的钢铁厂有多么的宏大，知道武汉的大学太多太多。是他，把武汉这个梦带给了我，也把向往与憧憬带给了我。

我们一早离开了乡村，快步走在乡村的小路上。尽管我们一刻不停地赶路，可是，当我们来到汉沙公路上时，每天到武汉的班车，已经冒着烟远去了。那个时代是落后的，汉沙公路是沙土路，每天到武汉也仅仅有一班汽车，这班车十天中就有九天是不准点，不是提前就是推迟。提前了司机决不会多等一会，拉上几个就会走了；推迟了，司机也不会多等片刻，同样是拉上几个人就走。我们远远望着汽车启动，大声地喊叫着，快步奔跑着，可那车呀，像压根儿没看见，自顾自就走了！呆坐在路边的沙地上，我的悲伤，一定写满了少年稚气的脸。郭大哥不停地安慰我，说，不要紧，我们想办法！不久，他果然拦住了一辆卡车，司机正好是武汉人。他听说郭大哥是武钢的知青，又听说我是第一次到武汉。于是，他答应将我们拉到武汉，拉到龟山脚下。

我站在敞篷的卡车车厢里，一路奔向武汉，像出征的将军一样激动，又像出嫁的新娘一样紧张。武汉，你是什么样子？你会喜欢我这个乡下的少年么？

长长的一天过去，我们没有吃饭，没有喝水。傍晚时，我们终于到了龟山脚下。由于长时间的站立，当我从车厢跳下时，重重地跌倒在地，书包里的鸡蛋全破碎了，汩汩地流出来。郭大哥提起我的书包，拉着我向长江大桥走去，他告诉我，一定要看看大桥。我们走到大桥中段时，他停下来，让我凭栏眺望。东方的青山掩映中，一片建筑物的圆顶隐约可见。郭大哥很动情地说："你知道吗？那是武汉大学的阶梯形教学楼！人的一生，要能坐在那儿听一回课，死了也值啊！"听到郭大哥的话，我怦然心动，血液如长江浩浩，在全身涌动，我感到了生命的冲动。在这一刹那，我明白我的生命需要的是什么。也就是在这个傍晚，在长江大桥的中间，我在心中默默地告诉自己：要上大学，一定要上！在1975年的那些日夜里，在"文革"那场浩劫最疯狂的岁月里，上大学，这个许多人的梦想，早已被践踏得七零八落。我和郭大哥，就这么拍着桥栏，远眺武大，两颗同样年轻的心，怀着一样的热情和一样的无奈！

很晚了，我们才离开大桥，才到了红钢城，才到了郭大哥的家。郭家住在红钢城的一栋宿舍楼的4楼，一室一厅的房子，很整洁。郭伯伯在武钢上班，敦厚纯朴。郭家伯母也是工人，很慈祥的样子。郭大哥和他的弟弟，还有我，我们三人晚上就睡在客厅临时搭起的床铺上。听他们用武汉话聊天，听他们讲红钢城又来了什么新电影，他们向我打开了一个新世界的窗口，从这扇窗口，我知道世界如此之大，知道武汉这个都市奇妙而又充满了诱惑。三天很快就过去了，郭大哥问我想不想去看武大的校园，我想了很久，回答他：不去了，不去了。其实，我在心里告诉自己：我不想以一个观光者的身份去！要去，除非到那儿听课！虽然这样想着，心中却无比苦涩，因为我知道，一个农村的少年，在那个靠推荐上大学的年月，读武汉大学，无异于痴人说梦！

三天之后，我和郭大哥一起离开红钢城回到沔阳，走过武汉长江大桥，我禁不住站起来，从汽车窗户里远眺武汉大学的教学楼圆顶。遗憾的是，这时正好烟雨蒙蒙，我无法看到远方，无法看到武大。我怅然若失，就这么离开了武汉。

回到家乡，我的心中怀着大学的梦想，在那个不重视知识的年月，我认认真真学习。很快，“四人帮”粉碎了，“文革”结束了，我考上了高中。1979年，我高中毕业，以全县文科最高分的优势考上了大学。我的老师告诉我：南有复旦，北有北大。老师要我报复旦大学，我真的走进了复旦大学，但武大给我的憧憬，仍然一直在我的心中。大学毕业，我分到北京。后来，我又派驻湖北。这时，华年已逝，我已过了而立之年。来到湖北的第一个月，我什么都来不及安顿，就匆匆到了武大，到那个阶梯教室的一角，静静地听了一堂课。武大，我的梦终于圆了。

此刻，秋月如水，秋风如歌。站在秋月洒满的窗前，望着东方的武大，我的脸上有岁月的风霜，也有曾经奋斗的印痕。我感激那个郭大哥，尽管我至今不知他身在何方；

我感激武大的圆顶，尽管我没有成为他的一员。人生的大起大落之后，只有多年的憧憬，如今晚的月色一样始终明朗，始终纯洁，始终无私地献出自己的光。我们可以什么都没有，却不能没有憧憬，憧憬就是我们一切的动力之源。

那一天的寒冷之后

早春的大同，小草刚刚探头，风冷冷的，只有明净的长空，向我这个外来客传输着些许的春意。匆匆忙忙的行人，喧喧闹闹的车辆，花花绿绿的市区，已经让我无法辨认曾经的路。是的，十年后的大同，早已物非人非了！只有那位大同的大哥，一直在我的心中，永远没有苍老。

十年前的隆冬，大同白雪满地。我带着北京中央直属单位的工作任务，第一次踏上大同的雪地。没有熟人，没有朋友，也没有亲戚。清早下车，一个瘦高的男子，拿着写有我名字的纸牌，在站口守候着。虽然寒风扑面，可看到他时，我心里一热。多冷的天气，他在这儿守候了多久？当我们互相认识的时候，我才知道，他是大同市委办公室的负责人，名字叫李尔山。我笑了：你的名字是一二三呵，道家说了，一生二，二生三，三生万物呵！他也笑了，是关外天高云淡的笑，是草原敦厚壮阔的笑！

刚刚而立之年的我，脸上的笑容，却掩不住心中的苦涩。也许他看出来了，也许没有，总之他没有说什么，只说着官场上热情而又客套的话，说着古云中的一个个故事，逗着我，也几乎是捧着我。我，就这么开始在大同的任务，当然，任务是顺利的，不几天就结束了。

当我提出返京的时候，“一二三”建议我去一趟浑源，去看看那儿的悬空寺。多冷的天啊，哪儿会不会更冷？哪儿会不会大雪封山？哪儿还有住持和尚么？“一二三”告诉我：“我陪你去，咱不就用一天的时间么！”

好吧，一天，就一天！

上山、游庙、拜儒释道，我的心会宁静一些。可是，又真的宁静的了么？茫茫的荒山之中，冷冷的寒风之下，我的心其实正在枯萎！而立之年，该是人生进取的大好年华啊，可我，却正在人生至为艰难的路上。我生长的江汉平原，传承着儒家的教诲，血脉中流淌着亲情的因子，可刚刚而立，曾经患难与共的人离我而去，孤单的影子陪伴着孤单的心，还能够走多远？还能够承受这关外的寒风与荒凉？只有我知道，泪在心中流淌，血在身上冷却。我知道什么才是心灰意冷，什么才是行尸走肉！

“一二三”陪着我上山、下山、吃饭，然后，天黑时回到大同，回到市委的招待所。进了房间，我让他在门外等我一会儿，我说，我很快出来，稍等一下吃饭，别急。他抽着烟，站在我已经关上的门外。

我没有洗脸洗手，而是拿出纸和铅笔，将我的心境和这一天的感受，写成一首词。多年之后，我已经不记得所有内容了，只记得其中有一句，是写登上悬空寺索桥的感慨，句曰：“地寒天寒心更寒，回望南天无奈，生为何来，死为何来！”写完，我没有收拾纸笔，任由它躺在桌上，就像我的心趴在桌上一样。我拉开门，同他下楼吃饭。席间，“一二三”借故离去片刻，又回来继续纵酒。那时，他和我，还真是一对好酒友。

饭后，当我独自回到房间时，我发现，写有词的那张纸上，“一二三”写下了几句话。原来，他借故离席，是到我的房间看我写了什么！好细心的一条汉子啊，他用他的心，在体察着我的心呢。

同样是铅笔写的字，却苍劲，力透了纸背。

“相信我，相信你自己，一切都会好起来的！”

这是“一二三”写下的字迹？

简简单单的一行字，竟让我泪流满面！一切真的会好起来吗？一切又怎样好起来？我反复地看着，想着。“相信我，相信你自己”，是呵，除了相信朋友，除了相信自己，我们又能有什么选择？我们不能改变人，我们不能改变人生，可我们也许能改变自己。“一二三”的话，是这个意思么？

一夜无眠。窗外，雪花静静地飘着，寒风呼呼地刮着。我的心在升温，在热起来！

第二天，当他送我离开大同的时候，我几乎像是重新出征的儿郎。而他，重重地、有力地握我的手，拍我的肩，像在送重新出征的兄弟！朋友和朋友，不用太多的语言，一个手势，一个眼神，就已足够了！

我真的重新出征了。走出艰难的人生，走过伤心的往事。这一走就是十年，十年呵！

十年后，命运让我重返山西。我作为中央直属单位派驻山西的负责人，履新上任。上任伊始，我要做的第一件事，当然是找“一二三”。费尽周折，终于知道他还在大同，不同的是他已出任大同日报的社长。在这个早春，在这个依然还冷的日子，我前往大同，拜访这位多年失去联系的“一二三”。在我的心中，他从那一刻起，就已成为我的大哥，一个合格的好大哥！

我们重逢了，我们纵酒了，我们畅笑了！当我们说到那个寒冷的冬天，说到那首寒气逼人的我的词，我们相视一笑，人生的那一道坎，我过了！

人生许多时候都是过场，漫长而毫无意义的过场。只有某一个突然出现的日子，会突然地撞开了你的心扉，激荡着你，让你终于扬起生命的帆。从此以后的日子，人生的过场充满了真实的意义、真切的追求、真实而不变的怀念。这个“一二三”大哥所给予我的，是不是就是这些？一次的寒冷之后，我们会更有勇气直面人生的悲喜！

有诗的日子不寂寞

——读寓真诗文感怀

三年前的冬天，我从温暖的南方，来到寒冷的太原。树木已经凋零，滴水已经成冰，马路上行人稀少，办公室空空荡荡。一日，友人送来两本署名寓真的新书，一本《寓真诗词选评》，一本《观瀑集》。应该说，来山西之前，我已读过寓真的诗词散文，仰慕已久，但不识其人。我信手翻开，立刻被卷首的古体词吸引，禁不住拍案叫绝。词名《满江红·观瀑集》：

大瀑临空，飞落处，涛声未歇。令诗家，情生汹涌，韵添刚烈。眼底缤纷红锦雨，梦中漂渡银澜月。念人生，何得壮如斯？期心切。征途上，风雨雪；参悟了，生和灭。把文词，空写阴晴圆缺。记得痴狂鸿鹄志，几曾激荡青春血。却回眸，红杏又纷纷，飞京阙。

何人有如此情怀？何人有如此古韵？黄河杂志社的刘淳先生告诉我，这位寓真先生，是山西省高级人民法院的院长、大法官李玉臻。我讶然：法官与诗情，完美地结合在一个人的身上，古时虽多，今人少有。

寒冷的冬天里，我常常翻阅寓真的这两本书，确实感受到了一股发自胸臆间的热情。后来见到了寓真，后来成了朋友。再后来，我们敞开胸怀，谈诗论词，说文讲道，我真的大受裨益，获益良多。

在我的眼里，寓真是一个纯粹的诗家词人，就像一册泛黄的老旧竹简，一眼看去非常质朴，无半点华丽，而当你打开他时，却散发着浓郁的书香，弥漫着绵长的意境。他曾对我讲起古体诗词的格律，说的头头是道，造诣之深，让人叹服。满江红、菩萨蛮、蝶恋花等等词牌，他了然于胸，驾驭娴熟。七律、七绝等，他也十分熟练。深爱古体诗词的他，数十年来，写下了大量的佳作。2000年，作家出版社为他出版了《寓真诗词选评》，书名是当代大诗人贺敬之所题。寓真是山西武乡县人，1966年从北京政法学院毕业后，先分配到海南黎族苗族自治区的昌江县。在海南的艰苦岁月中，寓真登山临海，钻研格律，填词作诗，生活虽然清苦，人生却不寂寞，他的诗，他的词，成为他消遣的最好办法，当然，他也以自己的诗词自勉，让人生充满了丰富的色彩和坚实的足迹。后来，他调回家乡山西，再后来出任山西省高级人民法院院长。职位高了，担子重了，工作忙了，可作为一个诗家词人，寓真始终没有放下手中的笔，勤耕不辍，作品愈益圆熟，自成一道风景。

读懂一篇诗词，只需要一会儿。读懂一个诗人，也许要一辈子。寓真的身上，总会有你取之不尽的魅力，有你读之不倦的真情。他的《北调歌头·雕栖湖有怀》中写道："鸟唤湖林静，虫噪石苔青。伊们如此浓兴，许是在言情。心既无拘无束，语又何羞涩，放任曲衷倾。碧绿涟漪里，垂影树亭亭。入斯境，怀彼梦，意难宁。放轻脚步，且莫将那虫鸟惊。环顾身边羁绊，堪笑人中虚伪，枉自误芳龄。莫再负佳景，泉野纵诗灵。"这首词想象丰富，意趣盎然，虫鸟中闪烁着人性的光芒，堪称精品。读他的《浪淘沙·雨林》，更能感受到一种鲜活的人生状态。词云："绿树泪涓涓，叶上珠圆。乍时悲咽乍时欢。只为春风将远去，极尽缠绵。淅沥夜无眠，万语千言。情心未尽又明天。痕湿滢滢揩不断，孰忍凋残。"真情真性是诗人。

读其诗而识其人。骚人墨客，多的是悲秋伤春，多的是感怀不遇。寓真的诗词里，有人生的感慨，有生命的叹息，而更多壮怀激烈，更多报国之志。许多墨迹，折射着他的影子，映照着他的情怀。11月30日下午，我翻开他的新书《寓真绝句200首》，不经意间，打开的竟是《岳飞庙有思》。寓真诗云：“千年一阕满江红，冲荡人寰悲壮中。几度山河曾破碎，教儿岂可忘精忠。”报国之志，精忠之情，是诗人的灵魂，是诗人的追求，也是诗人身体中流淌的血液。有这样的志向和情怀，能做诗、能做官、更能做人。

由于年龄相差的原因，和寓真在一起，除了论诗说文，很少谈及身世，很少说到家常，以至于写到他时，我突然发现，除了他的诗词，我对他几乎一无所知。幸好有他的书，幸好有他的文字，我得以较多的了解他，了解他作为诗人的那颗敏感而怜悯的心。

在寓真的散文集《观瀑集》中，我读到《安葬母亲》的散文，怦然心动，不禁泪下。他告诉读者，他生活的那个村很穷，过去的家是个穷家。父亲早年参加革命工作而奔波在外，家中全靠母亲操持。灾荒年头，每靠野菜和糠皮度日，即使有点米粮也要先让给祖父吃，母亲自己常常忍饥挨饿。寓真小时候就曾看见母亲由于严重营养不良而昏厥过，两只手抽搐得像鸡爪一样。他写道：“母亲用血泪哺育了我们。看看我自己的一切，体魄、知识、事业与成就，无不深凝了母亲的酸苦。然而她又得到了什么补偿呢？当她衰弱而孤独的晚年，正需要得到温暖和安慰的时候，我却极少在身边。直到她病重以后，我才顿感悔愧，才接来身边治疗，但已经晚了。母亲享年78岁，已过古稀，我如果是在身边侍奉了几年，如果是早几年就为母亲的身体保养和病染预防尽了努力，也许还不至于如此抱愧。然而以前，总是忙于工作，为老人家想的很少，如今就不能不觉得太愧对慈亲，一种揪心的疚恨就不知该如何解脱……”诗人的心是善良的，诗人的心是感恩的。看完他的散学，再读他的绝句，你会发现，诗词是人生大悲大喜之后的沉淀，诗词也是人生大彻大悟之后的执著。

寓真的诗词，是我在办公室常常翻阅的书籍，我喜欢他诗文中的厚重，喜欢他诗文中的执著，喜欢他诗文中的浪漫情怀。我不知道，他是如何将法官职务中的严谨与诗人气质中的浪漫结合在一起的，也许是一个谜？今年初春的一天，文艺报的大牌记者胡殷红造访山西，下榻龙城。寓真邀我相陪，饮着酒，便聊到做诗人做官的话题。浪漫的诗情与严谨的职务，怎么可以融合在一个人的身上呢？我不解，胡女士也不解，而寓真却很简单地说："做什么事情，只要用一颗心去做就行了，只要专心地做就行了。做法官时我就专心做法官，做诗词时我就专心做诗词。"话说得简单，道理却深刻，他是凭着一颗心在做。在法官和诗人身上，没有功利，没有世俗的缠绕，只有一颗坦诚执著的心。

诗需吟诵，词要弹唱。诗词与音韵是合二为一的。寓真的诗词，韵律完美，浑然天成，无不洋溢着音乐的节奏和旋律。这也难怪，寓真本人，深通并深爱着音律。有一天朋友聚会，一旁有人弹琴拉胡。寓真径直走去，接过二胡，拉起了《南泥湾》，悠扬而苍凉的二胡声，在大厅里久久回荡。他微闭双目，动情地拉着二胡，我们也陶醉了。

三年后的今天，仍然是寒冷的冬天。我再次翻开读过多遍的寓真诗文，那首《满江红·观瀑》又一次映入眼眸。捧读之下，心潮澎湃，不禁拿出纸笔，涂鸦道：

鸿鹄之志何痴狂，
青春热血总激荡。
堪透阴晴见风骨，
不负人生豪与壮。

后 记

命运虽然不是自己可能选择的，但命运的安排，有时却是一件幸事。就我来说吧，我连做梦都没有想过会到山西工作。可是，有一天，一张薄薄的文书，将我从遥遥千里之外派驻了山西。派驻山西，真的成为命运安排的一件幸事。

山西以五千年的文明令人惊叹，山西以钻石般的友情令我折服。正是在山西的工作中，在山西朋友们的纵酒阔论中，我感染了山西无穷的魅力和无限的风采。有时候，我们冷不丁在酒桌上谈些历史的陈谷子烂芝麻，也许，好酒而又不胜酒力的我，在三杯下肚后过分地张扬了自己肚子里的那点儿史事吧？然而，山西的朋友们却真的一腔诚意一番热心地劝我写下这些。名满天下的大作家张平，曾摇动酒杯对我说："这么好的故事，你为啥不写下来啊？"专攻油画史的大腕刘淳，此时正兼领《黄河》杂志的副主编，也借着七分酒意说："写吧，《黄河》对你敞开大门。"鼓励我写这些的，激励我写这些的，催促我写这些的，还有大法官、大诗人李玉臻，名著《煤炭声响》的作者刘存瑞，大评论家谢泳，我的好友张发，我的好兄弟瑛冰、安洋、关明……这些好友，因为目前还有许多正担任要职，我不便一一列举，免有自夸之疑。但，感谢之心，感激之情，始终在我的心中，始终是我坚持写下来的原动力。

在山西讲述历史，我是惶恐的。五千年文明的山西，几乎为我们的历史捧出了每一出关键的大戏，为我们的民族捧出了无数的经典英雄。若无山西，又何谈五千年文明的伟岸？若无山西，又何谈五千年国士的恢弘？我写这本关于国士的悲歌，许多就是山西人，许多人曾在山西浴血浴泪过。那个以国士自诩以国士报君的豫让，是山西人；那个明知不可为而却要以全家殉节的周遇吉，是山西人；那个持剑北行力挽狂澜的刘琨，曾在山西整整十一年……山西给了他们一展国士风采的舞台，山西也让他们可以名垂千古。这，也让我更加热爱了山西。

一次次行走在太行吕梁之间，一次次感受五千年国运的沧桑起伏，一次次回味历史烟云中的士人们，我是动情的，是激动的，我也希望自己执笔时可以冷峻。这，也许我没有做到。

从一定的意义上说，这本书，是为山西而写，是为山西的朋友们而写。我的山西的朋友们，智慧聪颖而又宽厚仁慈，锐意果决而又温良恭俭。他们是上天对我的恩赐，是人生的财富，也会是未来历史的财富。

调离山西的那一天，车出晋城，回望山西，就如回望历史一样，伟岸的身躯依然挺立，宽阔的胸怀依然慈祥。太行吕梁，如果可以，我真的愿意做你的一片石，一棵树……

如今，我走了，正如我轻轻的来。但是，山西，你已在我的血液中，在我的生命里。

(京)新登字 083 号

图书在版编目(CIP)数据

危情时刻:中国历史节点上的人和事/罗盘著. —北京:中国青年出版社,2008

ISBN 978-7-5006-8095-6

Ⅰ. 危... Ⅱ. 罗... Ⅲ. 随笔—作品集—中国—当代 Ⅳ. I267.1

中国版本图书馆 CIP 数据核字(2008)第 035037 号

责任编辑:骆 军

*

中国青年出版社出版 发行

社址:北京东四 12 条 21 号 邮政编码:100708

网址:www.cyp.com.cn

编辑部电话:(010) 84015592 营销中心电话:(010) 64010813

北京盛兰兄弟印刷装订有限公司印刷 新华书店经销

*

700×1000 1/16 13 印张 3 插页 150 千字

2008 年 4 月北京第 1 版 2008 年 4 月北京第 1 次印刷

印数:1—8000 册 定价:21.00 元

本图书如有印装质量问题,请凭购书发票与质检部联系调换

联系电话:(010)84047104